Christian Thiel
Wer passt zu mir?

W0172436

Christian Thiel

Wer passt zu mir?

Das Geheimnis
der erfolgreichen Partnerwahl

Bibliografische Information der Deutschen Nationalbibliothek
Die Deutsche Nationalbibliothek verzeichnet diese Publikation in der Deutschen
Nationalbibliografie; detaillierte bibliografische Daten sind im Internet über
http://dnb.ddb.de abrufbar.

ISBN 978-3-86910-488-1 (Print)
ISBN 978-3-86910-574-1 (PDF)
ISBN 978-3-86910-573-4 (EPUB)

 **Über den Autor:** Christian Thiel, Jahrgang 1961, hat Philosophie
und Germanistik studiert und ist seit Jahren als freier Autor für
verschiedene Zeitungen, Zeitschriften und Radiosender zu den
Themen Partnerschaft und Partnersuche tätig. Von ihm erschienen
sind die Bücher „Streit ist auch keine Lösung. Wie Sie in Ihrer Partnerschaft das bekommen, was Sie wirklich wollen", „Suche einen
für immer und ewig. Wie Sie den Partner finden, der wirklich zu
Ihnen passt" und „Was glückliche Paare richtig machen".
Christian Thiel arbeitet seit vielen Jahren als Single- und Partnerschaftsberater in
freier Praxis. Er hält Vorträge und bietet auch Workshops an. Er selber ist glücklich
verheiratet und lebt mit seiner Frau und seinen zwei Kindern in Berlin.
www.singleberater.de

Einen Singleberater finden:
www.die-singleberater.de

Originalausgabe

© 2012 humboldt
Eine Marke der Schlüterschen Verlagsgesellschaft mbH & Co. KG,
Hans-Böckler-Allee 7, 30173 Hannover
www.schluetersche.de
www.humboldt.de

Lektorat: Judith Mark, Freiburg
Covergestaltung: DSP Zeitgeist GmbH, Ettlingen
Innengestaltung: akuSatz Andrea Kunkel, Stuttgart
Titelfoto: 123RF: Viktoriya Sukhanova
Satz: PER Medien+Marketing GmbH, Braunschweig
Druck: Grafisches Centrum Cuno GmbH & Co. KG, Calbe

Hergestellt in Deutschland.

Inhalt

Einleitung

Im Juli des Jahres 1981 steht ein junger, ein wenig linkisch wirkender Marineoffizier auf dem Balkon des Buckingham Palace. Seine großen Segelohren leuchten feuerrot. Er schaut auf die unübersehbare Menschenmenge, die sich an diesem strahlend blauen Sommertag zur Feier seiner Hochzeit eingefunden hat.

Der 32-Jährige trägt die Galauniform der englischen Marine, mit roter Weste und blauer Schärpe. Er hebt den cremefarbenen Brautschleier seiner frisch angetrauten Ehefrau an. Die Wangen der 20-Jährigen glühen in der gleichen Farbe wie seine weltbekannten Ohren. Sie wagt ein scheues Lächeln. Dann küssen sich die beiden.

Welch ein Augenblick! Weltweit sitzen knapp eine Milliarde Menschen gebannt vor ihren Fernsehern und sehen diesen Kuss. Sie träumen den märchengleichen Traum von ewiger und unzerbrechlicher Liebe. Sie alle machen, zusammen mit den Medien, die beiden frisch Vermählten zu Kultstars in Sachen Liebe. So wie das Hochzeitspaar selbst sind auch die Menschen auf den Straßen von London und vor den Fernsehapparaten davon überzeugt, dass Charles Philip Arthur George Mountbatten-Windsor und Diana Frances Mountbatten-Windsor, geborene Spencer, eine gute Antwort gefunden haben auf die wohl wichtigste Frage im menschlichen Leben: Wer passt zu mir? Doch sie alle sollten sich irren.

Glückliche Paare – unglückliche Paare

Wer passt zu mir? Nichts beeinflusst das menschliche Leben so grundlegend wie die Antwort, die wir auf diese Frage finden. Diese Antwort entscheidet über Glück oder Unglück in unserem Leben. Sie entscheidet über Gesundheit und Krankheit. Ja, in manchen Fällen sogar über Leben und Tod. Wer in einer glücklichen Partnerschaft lebt, ist mit seinem Leben insgesamt zufriedener. Er oder sie hat ein besseres, wirksameres Immunsystem, wird seltener krank, lebt länger. Im Durchschnitt drei bis vier Jahre.

Wer dagegen in einer unglücklichen Partnerschaft lebt, zahlt einen hohen Preis. Er oder sie ist unzufriedener mit seinem Leben, häufiger krank und stirbt im Durchschnitt einige Jahre früher. Keine schönen Aussichten, oder?

„Ist eine Trennung vielleicht eine bekömmlichere Alternative?", sind Sie da vielleicht geneigt zu fragen. Nicht unbedingt, sagt die Wissenschaft. Wer eine unglückliche Partnerschaft beendet, muss mit einer Vielzahl von unangenehmen Folgen rechnen. Frisch Getrennte erkranken häufiger, oft nur an harmlosen Wehwehchen wie Erkältungen, manchmal aber auch an gravierenden, lebensbedrohlichen Krankheiten. Die Wahrscheinlichkeit, bei einem Unfall, an einer Krankheit oder durch Suizid zu sterben, steigt nach einer Trennung deutlich an – für Männer erheblich stärker als für Frauen. Viele Männer und Frauen binden sich nach einer Trennung für lange Zeit nicht mehr. Einige verzichten sogar für den Rest ihres Lebens auf eine neuerliche Bindung. Um keine Missverständnisse aufkommen zu lassen: Eine Trennung ist heute für viele Menschen eine gute Alternative zum jahrelangen Gegeneinander in einer längst zerrütteten Partnerschaft. Das haben schließlich auch der englische Thronfolger Charles und seine Frau Diana eingesehen. Auch sie haben ein Ende mit Schrecken einem Schrecken ohne Ende vorgezogen.

Was wäre denn auch innerhalb einer unglücklichen Beziehung noch zu erwarten? Weitere Jahre der unerfüllten Hoffnung auf eine Veränderung, die doch nie eintritt? Weitere Jahre, in denen wir Anerkennung, Verständnis und Respekt von einem Partner erhoffen, der zu alledem schon lange nicht mehr in der Lage ist – weil er nicht zu uns passt? Weitere Jahre angestrengter Bemühungen um Anerkennung, Verständnis und Respekt dem Partner gegenüber, obwohl wir doch unsererseits dazu ebenfalls schon lange nicht mehr imstande sind – weil er nicht zu uns passt? Oder zumindest nicht *mehr* zu uns passt. Ebenfalls keine schönen Aussichten, finde ich.

Davonlaufen geht nicht

Aber seien wir ehrlich: Eine Trennung ist nicht das, was wir wirklich wollen. Kein Mann denkt an eine Trennung, wenn er den Brautschleier hebt, um die Braut zu küssen. Keine Frau glaubt, dass sich diese Szene irgendwann in ihrem Leben noch einmal mit einem anderen Bräutigam wiederholen wird. Niemand will ein zweites Mal vor den Traualtar treten, um einem anderen Mann, einer anderen Frau das Jawort zu geben. Wir alle *wollen* ja zusammenbleiben.

Aber auch wenn wir uns trennen, auch wenn wir wieder eigene Wege gehen und unser Leben neu ordnen – der

Grundfrage der Liebe *Wer passt zu mir?* entgehen wir auf diese Weise nicht. Das Gegenteil ist der Fall. Wir laufen dieser Frage geradewegs wieder in die Arme. Denn nach dem Scheitern einer Beziehung stellt sie sich erneut – und dringlicher denn je. Ihr davonzulaufen, das geht nicht.

Wer sich trennt, muss sich eingestehen, dass er sich bei seiner Wahl geirrt hat. Wer sich trennt, muss auf die Frage, wer um alles in der Welt wirklich zu ihm passt, wieder eine Antwort finden. Nur dann findet er oder sie den Mut zu einer neuen Bindung. Nur dann gibt es die Chance, es beim nächsten Mal wirklich besser hinzubekommen. Nur dann bestehen gute Aussichten, dass die nächste Liebe wirklich gekommen ist, um zu bleiben. Davonlaufen, das geht nicht.

Gegenwind für die Liebe

Gute Gründe also, die Frage *Wer passt zu mir?* sehr ernst zu nehmen. Leider aber hat sie in unserer Gesellschaft einen schweren Stand. Der Wind bläst ihr gewissermaßen direkt ins Gesicht, und das aus ganz verschiedenen Richtungen.

Die Kultur. Die christliche Tradition unserer Kultur gebietet, unsere Mitmenschen zu lieben und lässt so schon die Frage nach dem einen Menschen, der zu uns passt, sinnlos erscheinen. Gegenwind für die Liebe.

Die Psychologie. Ein großer Teil der Psychologie wandelt auf den gleichen Pfaden und kann mit der Frage *Wer passt zu mir?* ebenfalls nichts anfangen. Als Beispiel mag der erfolgreiche Partnerschaftsratgeber *Liebe dich selbst und es ist egal, wen du heiratest* von Eva-Maria Zurhorst gelten. Die Autorin greift eine zentrale These von Erich Fromm aus seinem berühmten

Buch *Die Kunst des Liebens* auf. Entscheidend für den Erfolg in der Liebe ist demnach ausschließlich die eigene Liebesfähigkeit, nicht aber, ob das geliebte Objekt zu einem selbst auch passt. Gegenwind für die Liebe.

Ist es wirklich egal, wen wir heiraten? Wissenschaftlich ist diese These nicht zu halten. Nichts spricht gegen die Arbeit am eigenen Ich. Mehr Selbstwertgefühl und mehr Selbstakzeptanz erhöhen nachweislich auch die Zufriedenheit in und mit einer Partnerschaft. Entscheidend für das Glück in der Liebe ist aber die Wahl, die wir treffen.

Der Zeitgeist. Auch der Zeitgeist meint es nicht gut mit der Frage *Wer passt zu mir?* Haben Sie schon einmal einen Liebesfilm gesehen oder einen Liebesroman gelesen, in dem die Heldin sich ernsthaft gefragt hat, welcher von zwei möglichen Partnern besser zu ihr passt? Ich für meinen Teil nicht. Oder haben Sie gar einen Helden erlebt, der sich ernsthaft fragen musste, welche von zwei möglichen Partnerinnen besser zu ihm passt? Nein, das nun schon gar nicht.

Populäre Unterhaltungsromane und Liebesfilme pflegen die triviale Sicht auf die Liebe. Held und Heldin verlieben sich – warum, das bleibt ihr ewiges Geheimnis. Dann treten einige banale Missverständnisse auf, nach deren Aufklärung sich die Liebenden glücklich und zufrieden in die Arme fallen dürfen. Und Abblende!

Ein Happy End ist bei allen trivialen Ergüssen des Zeitgeistes selbstverständlich Pflicht. Hier gelingt die Liebe am Ende immer. Allerdings bleibt unerfindlich, warum das so ist. Hinzu kommt: In aller Regel enden diese Filme und Romane – bildlich gesprochen – genau in dem Augenblick, in dem er den Brautschleier anhebt und die beiden Liebenden sich küssen. Genau dann also, wenn die Phase der Verliebtheit noch andauert oder gerade erst endet und die spannende Phase der Beziehung erst noch kommt. Gegenwind für die Liebe.

Die Literatur. „Na gut", könnten Sie da sagen, „dann schauen wir uns eben in der anspruchsvollen Literatur um." Sieht es da besser aus? Leider nein.

Die Literatur handelt nicht von der gelungenen Wahl und der gelingenden Liebe, sondern – im Gegenteil – von den Schwierigkeiten, ja von der Unmöglichkeit der Liebe. Von Shakespeares *Romeo und Julia* über Goethes *Wahlverwandtschaften* bis hin zu Tolstois *Anna Karenina* zieht sich eine Spur der Verwüstung durch die Literatur. Wohin wir auch blicken, wir finden nur Unglück und Untreue. Am Ende sind sie alle tot: Romeo, Julia, Ottilie und auch Anna Karenina.

Die Schule. Ein Schulfach Liebe, ja, das könnte wohl helfen. Wofür bitteschön ist die Schule denn da, wenn nicht, um uns auf das Leben vorzubereiten und uns genau das beizubringen, was wir später einmal unbedingt wissen sollten. Leider aber ist es sehr unwahrscheinlich, dass in absehbarer Zeit in der Schule – neben der erschöpfenden Erklärung der Sexualfunktionen des Menschen – die grundlegenden Erkenntnisse zur Psychologie der Gefühle vermittelt werden.

So wichtig dieses Wissen für den Menschen auch ist – die Grundfragen der Psychologie haben in unserer auf wirtschaftlichen Erfolg gestimmten Zeit nicht viele Fürsprecher. Und unter ihnen sind schon gar keine Politiker. Kein deutscher Kultusminister hat je ein solches Fach gefordert, um dem absurden Missstand abzuhelfen, dass Kinder und Jugendliche ihr Wissen von der Liebe aus Fernsehserien wie *Sex and the City* und *Verliebt in Berlin* beziehen. Oder aus *Gute Zeiten, schlechte Zeiten.*

Fazit: Ein realistischer Begriff von der Liebe, von den Gründen, aus denen sie entsteht oder wieder vergeht, findet sich in dem Bild, das sich unsere Gesellschaft von ihr macht, nur ausnahmsweise, in homöopathischen Dosen gleichsam. Also auch hier: Gegenwind für die Liebe.

„Wer passt zu mir? Das wüsste ich auch gerne!"

Bei so viel Gegenwind überrascht es nicht, dass viele Menschen sich, auch wenn sie schon lange kein Kind und kein Jugendlicher mehr sind, noch nie ernsthaft gefragt haben, wer denn überhaupt zu ihnen passt. Die Frage *Wer passt zu mir?* ist seit vielen Jahren fester Bestandteil meiner Workshops zur Partnersuche. Sie löst manchmal Erstaunen aus – „Ehrlich, das habe ich mich noch nie gefragt!". Manchmal auch brennende Neugier – „Ja, wer passt zu mir, das wüsste ich auch gerne!". Andere wiederum glauben, das sei ein Rätsel, das der Mensch wohl nie werde lösen können. Irrtum! *Wer passt zu mir?* Zum Glück ist die Antwort auf diese Frage schon lange kein Geheimnis mehr. Die wesentlichen Fakten liegen auf dem Tisch. Wissenschaftler aus aller Welt und Praktiker der Paarberatung haben sie zusammengetragen. Von diesem Wissen können wir alle profitieren.

Wer – passt – zu mir? Diese Frage zerfällt in drei Teile und stellt uns damit vor drei Aufgaben, die wir bei der Partnerwahl lösen müssen.

Wer – das ist die Frage nach der Menschenkenntnis, die wir besitzen. Sind wir überhaupt in der Lage, das Wesen des anderen zu erfassen? Oder sind wir dazu verurteilt, durch Versuch und Irrtum herauszufinden, wer als Partner für uns geeignet ist? Die Antwort lautet: Nein. Menschenkenntnis ist erlernbar. Wie, das will ich Ihnen in diesem Buch zeigen.

Passen – welche Wahl ist günstig? Führt eine betont gegensätzliche Wahl zu Glück und Stabilität in der Beziehung? Oder sollten wir jemanden wählen, der uns ähnlich ist, weil Gleich und Gleich sich ja bekanntlich so gerne gesellen? Die Antwort der Wissenschaft auf diese Frage ist eindeutig. Sie plädiert – wie ich als Berater auch – für die Ähnlichkeitswahl. Ähnlichkeiten und Übereinstimmungen sind das beste Schmiermittel im Getriebe der Partnerschaft. Allzu große Gegensätze erweisen sich immer wieder als Sand, der das Getriebe zerstört.

Zu *mir* – wer diese dritte Aufgabe lösen will, der muss über Selbsterkenntnis verfügen. Das ist selten genug der Fall. Häufiger ist das Gegenteil. Unser Verhalten folgt der Devise: Denn wir wissen nicht, was wir tun! Welche Wege aber führen zur Selbsterkenntnis? Welche eignen sich für wen? Hilft es, daheim im stillen Kämmerlein zu sitzen und über sich und sein Leben einfach mal eine Weile nachzudenken? Führt das schon zu Selbsterkenntnis? Oder brauchen wir alle die jahrelange, tiefschürfende Selbstreflexion einer Psychoanalyse, um uns selbst besser erkennen zu können? Die Antwort heißt: Nein. Auch Selbsterkenntnis ist erlernbar. Manchmal ist dazu allerdings ein guter Mentor vonnöten.

Sodann brauchen wir – viertens – noch eine gehörige Portion Realismus, um eine Antwort auf die Frage *Wer passt zu mir?* zu finden. Wir müssen den Glauben an das Schicksal verabschieden und die Verantwortung für unser Handeln übernehmen.

Und wir müssen – fünftens – die Partnersuche als das begreifen, was sie in ihrem Kern ist: Eine *Wahl*. Eine Entscheidung, die wir selber treffen. *Partnerwahl* – welch ein altmodisches Wort! Dabei beschreibt es viel genauer, worum es bei der Liebe geht.

Steuern Sie Ihr Lebensschiff selbst

Ich habe große Zweifel an der Besinnungslosigkeit, die der Zeitgeist uns nahe legt. Sicher, es geht auch ohne viel nachzudenken. Es geht auch ohne jedes Sich-Bemühen um Einsicht und Erkenntnis. Es geht auch ohne das Suchen nach einer Antwort auf die Frage *Wer passt zu mir?*

Sich dieser Grundfrage der Liebe nicht zu stellen hat aber absehbare Folgen. Es ist für Menschen, die eine neue Partnerschaft suchen, riskant. Mögliche Folgen können sein:

In neuen Partnerschaften immer und immer wieder die gleichen Fehler zu machen.

In schöner Regelmäßigkeit nach zwei Jahren bereits wieder vor dem Scherbenhaufen einer Liebesbeziehung zu stehen.

Nach vielen Versuchen mit der Liebe eines Tages erschöpft und enttäuscht zu resignieren, weil das Gemüt sagt *Das brauche ich nicht noch einmal! Die Liebe ist nichts* für mich.

Unserer Entwicklung dient es also nicht, wenn wir uns um eine Antwort auf die Frage *Wer passt zu mir?* herumdrücken.

Wenn wir aber Zeit und Aufmerksamkeit auf diese Frage richten, dann profitieren wir enorm. Diese Erfahrung mache ich immer wieder, wenn ich Singles bei der Partnersuche begleite. Wer zu mir kommt, der nutzt seine Zeit als Single, um den Kompass des Lebens neu zu justieren. Wer zu mir kommt, will wissen, was in der Vergangenheit gut und richtig war und was falsch gelaufen ist. Und er will wissen, was in Zukunft, in der nächsten Partnerschaft, anders sein soll. Diese Zeit der Reflexion, der Selbsterforschung und der Selbstvergewisserung trägt später, wenn die nächste Partnerschaft da ist, immer wieder reichlich Früchte.

Wenn wir das Schiff unseres Lebens erfolgreich steuern wollen, dann ist es hilfreich, die Richtung zu kennen, in die wir wollen. Folgen Sie mir also auf eine Reise durch die Welt der Partnerwahl. Fünf Kontinente werden wir auf unserer Fahrt ansteuern. Sie heißen: Verantwortung, Selbsterkenntnis, Passen, Menschenkenntnis und Wählen. Viele Länder werden wir dort besuchen und dabei immer wieder neue Aspekte des Themas kennenlernen. Aspekte, die Ihnen helfen sollen, die Frage *Wer passt zu mir?* neu zu sehen, neu zu durchdenken und neu zu entscheiden. Damit die Liebe beim nächsten Mal wirklich gekommen ist, um zu bleiben! Denn wir alle wollen im Grunde unseres Herzens nur einmal in unserem Leben den Brautschleier heben, wollen nur einmal im Leben die Braut küssen oder den Bräutigam. Und wir wollen nur einmal *Ja* sagen. Wir wollen, dass wir eine wirklich gute, eine dauerhafte und beständige Antwort gefunden haben auf die Frage *Wer passt zu mir?*

Teil 1: Verantwortung

Wenn Sie sich den Kontinent *Verantwortung* vorstellen, dann sollten Sie nicht der Versuchung erliegen, ihn – übertragen auf unseren Planeten, die Erde – für so groß wie Europa zu halten. Der Kontinent *Verantwortung* ist klein und überschaubar. So groß wie Neuseeland vielleicht.

Verantwortung hat eine abwechslungsreiche Landschaft, liebliche Wälder, lange Sandstrände, die zum Wandern einladen, und wilde Gebirge, deren Gipfel bis in die Wolken ragen. Es gibt dort zerklüftete Canyons, die vor allem die abenteuerlustigen Reisenden anziehen und eine Vielzahl seltener Tierarten beherbergen. Ein schönes, ein exotisches Land.

Einzig der zähe Nebel, der weite Teile der Berge einhüllt und oft auch die Wälder durchdringt, macht die Reise auf dem Kontinent *Verantwortung* zu einem Wagnis.

„Ich bin mir sicher, Sie werden Ihren Aufenthalt hier auf Verantwortung nicht bereuen!", sagt der Pressesprecher des dortigen Tourismusverbandes mit einem breiten Lächeln. Na dann – auf nach *Verantwortung*!

Der Mythos Dornröschen

Es war ein trüber Novembertag, als Anna-Marie (36) zu mir in die Beratung kam. Anna-Marie war in mancherlei Hinsicht ungewöhnlich. Zunächst einmal war sie erstaunlich jung für jemanden, der in der Liebe Rat suchte. Noch ungewöhnlicher war allerdings ihr Aussehen. Anna-Marie sah aus wie ein Model, das gerade vom Laufsteg heruntergestiegen war. Ihre blonden Haare waren leicht gelockt und fielen ihr sanft bis über die Schultern. Ihre Augen leuchteten in einem bezaubernden Blau, und ihr Gesicht war ebenmäßig und ausdrucksstark.

Sie war die Sorte Frau, der Männer hinterher schauen und der schon einmal nach einer halben Stunde ein Heiratsantrag gemacht worden war. Der Traum vieler Männer eben.

„Eine Frau wie Anna-Marie hat doch keine Schwierigkeiten, einen Partner zu finden!" Das ist die vorherrschende Meinung. Doch sie ist falsch. Anna-Marie hatte sogar sehr große Schwierigkeiten bei der Partnerwahl. Sie hatte noch nie eine Partnerschaft gehabt, die länger als zwei Jahre hielt und war nun schon seit vier Jahren Single.

„Aber wie kommt denn das?", fragen Sie jetzt vermutlich. Auch ich war erstaunt an jenem düsteren Herbsttag. Und auch ich fragte mich, wie Anna-Marie in diese Lage geraten war.

Anna-Marie war es seit ihrer Jugend gewohnt, von Männern umschwärmt zu werden. Einen dieser Verehrer hatte sie dann, nach einigem Zögern, versteht sich, genommen – um schon bald, nach etwa drei Monaten, enttäuscht von ihm zu sein. Nach ein oder zwei Jahren war dann Schluss. Ende der Fahnenstange. Nichts ging mehr.

Dieses Muster wiederholte sich immer wieder, von Beziehung zu Beziehung. Das stimmte Anna-Marie im Laufe der Zeit in punkto Liebe pessimistisch. Hinzu kam, dass die Zahl ihrer Verehrer in den letzten Jahren deutlich zurückgegangen war. Kein Wunder – in dem Alter, in dem Anna-Marie inzwischen war, sind immer mehr Menschen fest gebunden, haben Familien gegründet und sind nicht mehr zu haben. Die Anzahl ernsthafter Anwärter wird also stetig geringer. Sie nimmt sogar drastisch ab. Wenn Sie mit 26 auf eine Party gehen, dann ist es völlig normal, dass ein Drittel der Anwesenden noch zu haben ist. Die Jahre zwischen 20 und 30 sind heute die Single-Zeit des Menschen. Mit 36 Jahren dagegen kann eine Frau schon froh sein, wenn sich unter 50 Gästen noch ein oder zwei Männer befinden, die ungebunden sind.

Das alles hat auch Anna-Marie deutlich zu spüren bekommen, und es hat ihre Stimmung weiter gedrückt. Früher stand sie bei solchen Festen oft umringt von vier oder fünf supernetten jungen Männern und sonnte sich in deren Gunst. Die Männer überschlugen sich darin, möglichst amüsante Geschichten zum Besten zu geben. Sie wetteiferten darum, wer ihr das nächste Getränk besorgen durfte. Was für ein Leben!

Heute dagegen weiß Anna-Marie oft schon nach fünf Minuten, dass der einzige anwesende Single-Mann nicht ihr Typ ist. Dann steht sie mit einigen Frauen zusammen, die allesamt gedankenverloren über ihre enormen Bäuche streicheln. Statt Fragen wie „Gehen wir zu dir oder zu mir?" hört sie bei diesen Festen heute eher „Und, wann hast du Termin?"

Sicher, ab und an finden sich noch Männer, die sich ernsthaft um Anna-Marie bemühen. Das passiert heute aber gerade noch zwei oder drei Mal im Jahr. Für keinen von ihnen konnte Anna-Marie sich in den letzten Jahren erwärmen. Also blieb sie Single. „Im Grunde denke ich, es wird ja doch wieder nichts – warum also erst etwas anfangen?", fasst sie ihre Situation zusammen.

Seit ein paar Monaten fühlt sich Anna-Marie sogar regelrecht deprimiert. Der Mai – sonst für sie einer der schönsten Monate des Jahres – war ihr in diesem Jahr regelrecht verhasst. Glückliche Paare schlenderten die Wege im nahen Schlosspark entlang. Manche schoben einen Kinderwagen vor sich her. Im März hatte ihre beste Freundin geheiratet. „Das Fest war grauenvoll. Eine Qual. Ich wollte mich schon nach einer halben Stunde verdrücken – aber das ging einfach nicht. Karin ist doch meine beste Freundin!"

Anna-Marie wusste, dass sie sich für Karin freuen sollte. Allein – es gelang ihr nicht. „Ich habe beruflich schon so viel erreicht", sagt Anna-Marie, „aber in der Liebe bin ich eine komplette Niete." Nun war sie auch noch neidisch auf ihre beste Freundin. Wenn das kein Grund war, sich deprimiert zu fühlen!

Lassen Sie sich nicht finden!

Anna-Marie ist in eine der tückischsten Fallen bei der Partnersuche getappt, eine Falle, die bei gut aussehenden Frauen oft zuschnappt: Sie hat es versäumt, herauszufinden, wer zu ihr passt. Sie hat nicht die Verantwortung für den Erfolg in der Liebe übernommen. Sie hat sich von den Männern einfach finden lassen.

Natürlich hat Anna-Marie sich das nicht vorgenommen. Niemand startet mit dem Vorsatz ins Abenteuer der Liebe, keine Entscheidung fällen zu wollen, oder sich finden lassen zu wollen. Es ergibt sich einfach so. Nachdenken tun die meisten von uns darüber nicht.

Lassen Sie sich nicht einfach finden! Von dieser Regel hatte Anna-Marie nie etwas gehört. Auch ihre – weniger blendend aussehenden – Freundinnen nicht. Aber die waren ja auch nicht so umlagert wie Anna-Marie. Sie konnten nicht so aus dem Vollen schöpfen, hatten nicht den Eindruck, dass das Finden eines Partners eine Kleinigkeit sei. Und während ihre Freundinnen Ausschau hielten nach Antworten auf die Frage *Wer passt zu mir?*, brauchte Anna-Marie nur gelegentlich einen Mann anzulächeln.

Mit ihrem sorglosen Verhalten steht Anna-Marie keineswegs alleine da. Ich gehe davon aus, dass – im Grunde ihres Herzens – die allermeisten Menschen so empfinden wie sie. Sie wollen nicht suchen. Sie wollen sich nicht entscheiden müssen. Sie wollen gefunden werden.

Für dieses Verhalten hat Anna-Marie und haben wir alle ein sehr prominentes Vorbild. Sie alle haben ihren Namen schon einmal gehört. Sie ist eine wirkliche Berühmtheit. Ein absoluter Mega-Star. Sie ist bekannter als Britney Spears, Paris Hilton und Madonna zusammen. Ihr Name lautet Dornröschen.

Der Irrweg, sich wachküssen lassen zu wollen

Dornröschen. Was passiert in Ihrem Kopf, wenn Sie dieses Wort hören? Welche Gedanken tauchen auf, welche

Bilder? Sehen Sie die blasse Prinzessin, dahingesunken in ihrem hundertjährigen Schlaf? Sehen Sie die Dornenhecke, die der starke Prinz mit wuchtigen Schlägen seines Schwertes durchteilt? Sehen Sie den Prinzen, wie er ganz entrückt die Schönheit der schlummernden Prinzessin bewundert? Sehen Sie schließlich auch den Kuss auf die Lippen der Schlafenden und die anschließende Hochzeitsfeier?

Der Mythos von der schönen Prinzessin, die vom Prinzen wachgeküsst wird, hat tiefe Spuren in unserer Wahrnehmung hinterlassen. Noch immer träumen Frauen, wenn es um die Liebe geht, von dem Prinzen auf dem weißen Pferd, von dem principe azzurro, wie es im Italienischen so wunderschön heißt. Sie träumen von den kraftvollen Schlägen, mit denen er der Dornenhecke zu Leibe rückt. Sie träumen von dem alles erlösenden Kuss. Und noch immer glauben Männer, sie müssten nichts weiter tun, als eine schlafende Prinzessin zu finden und durch ihren Kuss zu erlösen. Fertig!

Der Mythos von Dornröschen verkörpert das Prinzip der Verantwortungslosigkeit. In dieser Geschichte regiert ein Schicksal, das es zu erfüllen gilt. Hier wird nicht nachgedacht und schon gar nicht entschieden. Hier wird gehandelt.

Mythen erklären und deuten uns die Welt. Die einen tun es besser, die anderen schlechter. Wenn wir Glück haben, ist ein Mythos eine bloße Vereinfachung, eine holzschnittartige Darstellung der Welt, der viele Nuancen fehlen. Wenn wir aber Pech haben, dann beschreibt ein Mythos alles andere als die reale Welt, sondern spiegelt lediglich unsere

Wünsche wider. Er zeigt, wie wir die Welt gerne hätten und führt uns so in die Irre.

Der Mythos von Dornröschen führt eindeutig in die Irre. Er liegt wie ein dichter Nebel über den Bergen von Verantwortung. Er wabert durch die Wälder, zum Schneiden dick. Er sorgt dafür, dass uns die Sicht auf die Gipfel der Berge von Verantwortung beinahe immer versperrt ist. So manch ein Wanderer ging in diesen Nebelschwaden lange Irrwege und kam unverrichteter Dinge wieder zurück. Den Weg auf den Gipfel fand er nicht.

Wie Männer nach einer Partnerin suchen

Sich von den Männern finden zu lassen, ist für eine Frau eine sehr riskante Vorgehensweise. In der Regel führt sie geradewegs zum nächsten Misserfolg in der Liebe. Warum? Weil Frauen – durchschnittlich – erheblich mehr Menschenkenntnis haben als Männer. Es ist sehr modern, für solche Befunde die Genetik als Erklärung heranzuziehen oder die Evolutionsbiologie. Gehen Frauen nicht bei der Partnersuche das größere Risiko ein, nämlich eine Schwangerschaft? Also schauen sie eben auch genauer hin! Ich würde es, ganz neutral, lieber so ausdrücken: Frauen haben sich einfach durchschnittlich mehr mit dem Seelenleben anderer Menschen beschäftigt. Und deshalb verstehen sie mehr davon.

Durchschnittlich – dieses Wort ist hier nicht unwesentlich. Gerne wird bei Geschlechterunterschieden allzu tief in die Klamottenkiste der Vorurteile und Stereotypen gegriffen, und plötzlich sind alle Frauen schlechte Einparkerinnen und alle Männer maulfaul. „Durchschnittlich" bedeutet, dass es statistisch einen beobachtbaren Unterschied zwischen den Geschlechtern gibt. Über den Einzelfall sagen solche Statistiken allerdings nichts aus. Ausnahmen sind immer möglich. Und zu denen kommen wir später noch.

Der zweite Grund dafür, dass es für Frauen gefährlich ist, sich finden zu lassen, liegt in der besonderen Art der Herangehensweise von Männern an die Partnersuche. Es gibt international eine Fülle von Studien über die männliche Partnerwahl und über die Kriterien, die Männer dabei anlegen. Diese Untersuchungen kommen übereinstimmend zu folgendem Ergebnis: Männer sind durchaus in der Lage zu merken, ob eine Frau nett zu ihnen ist. Männer registrieren auch, ob sie gut zuhören kann oder ob sie amüsant zu erzählen weiß. Aber der wichtigste Grund für einen Mann, eine Frau interessant und begehrenswert zu finden – oder eben nicht – ist ihr Aussehen.

Wenn Sie das wissen, dann können Sie sich jetzt sicher vorstellen, wie die Partnersuche von Anna-Marie verlaufen ist. Sie war von Jugend an stets umlagert von Männern, die ihr Aussehen einfach klasse fanden. Warum auch nicht. Sollen sie doch! Allerdings zog sie genau jene Männer an, die nur auf ihre äußere Erscheinung achteten. Kaum ein Mann war auch bereit und in der Lage, etwas genauer hinzuschauen. Hinter die blonden Locken, die blauen Augen, das ebenmäßige Gesicht und die tolle Figur.

Dieses Problem bei der Partnersuche beschränkt sich allerdings nicht auf Frauen, die, wie Anna-Marie, den gesellschaftlichen Schönheitsvorstellungen in besonderem Maße entsprechen. Auch Frauen, die sich selbst gar nicht als gut aussehend empfinden, haben manchmal eine ganz eigentümliche Anziehungskraft, die Männer bezaubert und in ihren Bann zieht.

Eine Frau, die sich von Männern finden lässt, macht – wie Anna-Marie – einen folgenschweren Fehler: Sie versucht mit einem Mann eine Beziehung zu führen, der ihr Aussehen oder ihre Ausstrahlung klasse findet. Und das reicht für eine stabile Partnerschaft nun einmal nicht aus. Diese Erfahrung hat Anna-Marie wieder und wieder gemacht. Die Männer waren begeistert von ihr und warben um sie. Doch nach einigen Monaten war die Luft raus aus der Beziehung – weil sie absolut nicht zu ihr passten.

Ein Wort an die Männer

Die meisten Ratgeber werden für Frauen geschrieben. Das ist ein ehernes Verlegergesetz. Trotzdem könnte es ja sein, dass Sie gar keine Leserin sind, sondern ein Leser. Dann denken Sie an dieser Stelle vielleicht: „Ganz schön platt, wie Sie uns Männer beschreiben. Geht es nicht auch etwas differenzierter?" Sie haben natürlich recht. Nicht alle Männer schauen nur auf die blonden Locken, die blauen Augen, das anmutigste Lächeln der Galaxie und auf die tolle Figur einer Frau und geben – schwupp – ihren Verstand an der Garderobe ab.

Es gibt nachdenkliche Männer, Männer, die genauer hinschauen, interessante Fragen stellen und ab und an sogar ein psychologisches Buch in die Hand nehmen. Männer wie Sie also! Und da Sie all das tun, ist die Wahrscheinlichkeit groß, dass es Ihnen schon ähnlich ergangen ist wie Anna-Marie. Sie haben sich – möglicherweise – von einer Frau finden lassen und waren am Ende, nach ein bis zwei Jahren, ziemlich enttäuscht. Weil sie einfach nicht zu Ihnen passte.

Auch für Männer kann es also riskant sein, sich finden zu lassen. Denn Männer sind eben nur *durchschnittlich* weniger erfahren in Gefühlsdingen und im Seelenleben anderer Menschen. Im konkreten Fall kann das völlig anders aussehen. Wenn Sie dieses Buch in der Hand halten, dann ist es nach meiner Erfahrung sehr wahrscheinlich, dass die Frauen, auf die Sie bei Ihrer Partnersuche treffen, weniger Menschenkenntnis haben als Sie, weniger von der Liebe wissen als Sie und weniger Selbsterkenntnis haben als Sie. *Sie* lesen dieses Buch und haben möglicherweise auch schon andere psychologische Ratgeber gelesen. *Sie* haben einfach mehr Zeit auf dieses wichtige Lebensthema verwendet. Die Frauen, auf die Sie treffen, aber möglicherweise nicht.

Warum wir die Verantwortung scheuen

Anna-Marie hat noch einen langen Weg vor sich. Um in der Liebe erfolgreich zu werden, wird sie ihre Strategie, sich finden zu lassen, aufgeben müssen. Sie muss selber auf die Suche gehen. Sie muss klären, wie sie sich eine Partnerschaft vorstellt. Sie muss eine Antwort finden auf die Frage *Wer passt zu mir?* Damit steht Anna-Marie noch ganz am Anfang. Sie hat es vermieden, die Verantwortung zu übernehmen und muss nun herausfinden, wie das geht. Oder bildlich gesprochen: Auf dem Kontinent *Verantwortung* hat Anna-Marie bislang gerade einmal eine kurze Stippvisite eingelegt. Dann hat sie sich entschieden, ganz schnell wieder abzureisen.

Mit ihrer Entscheidung steht Anna-Marie nicht alleine da. Wenn Sie am Flughafen von *Verantwortung* ankommen, dann werden Sie erstaunt feststellen, dass dort lange Schlangen an den Abflugschaltern an der Tagesordnung sind. Die ankommenden Flugzeuge dagegen sind nahezu leer. Aus irgendeinem Grund will hier kaum einer hin und jeder schnell wieder fort! Nur wenige verweilen wirklich gerne auf diesem Kontinent.

Wie waren noch die Worte des Pressesprechers des Tourismusverbandes? „Ich bin mir sicher, Sie werden Ihren Aufenthalt hier auf *Verantwortung* nicht bereuen!" Tatsächlich hingegen scheint es den Menschen nicht zu gelingen, den Aufenthalt auf *Verantwortung* zu genießen. Warum aber wollen alle diese Menschen hier weg?

„Wir haben uns das natürlich auch gefragt", sagt der Pressesprecher des Tourismusverbandes von *Verantwortung* ein wenig kleinlaut. Er ist ein gesetzter, älterer Herr, sehr korrekt gekleidet in einem dunkelgrauen Zweireiher. „Uns ist der extrem kurze Aufenthalt unserer Gäste natürlich auch aufgefallen. Aber warum das so ist, das wissen wir auch nicht."

Freiheit – eine Lebensaufgabe

„Der Mensch ist das einzige Lebewesen, das sein Leben führt", hat ein Philosoph einmal gesagt. Auch andere Denker haben den gleichen Gedanken in anderen Worten ausgedrückt. Der Existentialist Jean-Paul Sartre sprach davon, dass der Mensch „zur Freiheit verurteilt" sei. Er trifft in jeder seiner Handlungen eine Wahl.

Nun neigen Philosophen zu schönen, starken und eindrücklichen Thesen. Allein, sie müssen hierfür keine Belege beibringen. Ganz anders ist es in der Welt der exakten Wissenschaft. Zum Beispiel in der Hirnforschung, die zu ganz ähnlichen Ergebnissen gekommen ist. Demnach ist der Mensch das einzige Lebewesen, das an die Zukunft denkt. Er malt sie sich aus. Er denkt über sie nach. Er wägt Alternativen ab. Der Mensch bedient sich hierzu eines speziellen Hirnbereiches, des sogenannten „Frontallappens". Dieser Bereich des menschlichen Gehirns ist evolutionsgeschichtlich noch sehr jung. Wird der Frontallappen geschädigt, dann ist die Fähigkeit des betreffenden Menschen, seine Zukunft zu planen, beeinträchtigt.

Ohne diesen Gehirnbereich wären wir Menschen in der Gegenwart regelrecht gefangen. Wir könnten uns nicht vorstellen, wie wunderbar unser nächster Urlaub sein wird. Wir könnten unsere berufliche Zukunft nicht planen. Und wir könnten uns auch nicht vorstellen, wie das Leben an der Seite unseres Wunschpartners, unserer Wunschpartnerin wohl sein wird.

Das hätte allerdings auch handfeste Vorteile. Denn in diesem Fall bräuchten wir uns auch keine Sorgen darüber zu machen, ob die nächste Beziehung gutgeht oder nicht. Tiere tun das bekanntlich nicht. Sie stürzen sich Hals über Kopf in das nächste Liebesabenteuer. Die Folgen fürchten sie nicht.

Menschen dagegen fürchten die Folgen ihrer Handlungen. Eine Entscheidung kann sich später als falsch herausstellen. Der strahlende Prinz kann sich nach einigen Monaten oder Jahren als griesgrämiger Besserwisser entpuppen. Die anmutige Prinzessin verwandelt sich, bei Licht betrachtet, in eine arge Langweilerin.

Die Verantwortung in der Liebe zu übernehmen ist also riskant. Wenn wir es tun, dann sind wir bei Fehlschlägen auch für unsere Niederlagen verantwortlich. Die Freiheit, zu entscheiden, und die Angst, welche Folgen unsere Entscheidung nach sich zieht, gehören also zusammen. Sie sind wie zwei Seiten einer Medaille.

Nicht jeder möchte deshalb diese Herausforderung der Verantwortung auch annehmen. Nicht jeder möchte sein Leben führen, also bewusst gestalten. Nicht jeder möchte die Freiheit, die er hat, nutzen und eigenständige Entscheidungen fällen. Viele Menschen wollen sich im Nachhinein nicht eingestehen müssen, dass sie einen Fehler gemacht haben.

Darüber hinaus hat auch die Komplexität von Problemen einen großen Einfluss auf die Bereitschaft von Menschen, Verantwortung zu übernehmen. Bei einfach strukturierten Lebensbereichen sind Menschen erheblich entscheidungsfreudiger als bei komplexen. Sie verwenden hierauf paradoxerweise auch viel mehr Zeit als auf schwierige Lebensprobleme.

Ein Beispiel: Vor dem Kauf eines neuen Autos verwenden Männer etwa 20 Stunden darauf, sich über verschiedene, in Frage kommende Modelle und über mögliche Preise zu informieren. Beim Abschluss einer privaten Altersvorsorge – einer ungleich komplexeren Entscheidung – sind es gerade noch ein bis zwei Stunden. In der Liebe, wir wissen es, sind vielen Menschen schon fünf Minuten der ernsthaften Beschäftigung mit dem Thema zu viel.

Verantwortung zu übernehmen gehört also aus philosophischer und anthropologischer Sicht zum Wesenskern des Menschen hinzu. Doch gleichzeitig gilt auch: Verantwortung *nicht* übernehmen zu wollen ist allzu menschlich. Wir alle neigen zu diesem Verhalten. Mythen, moderne wie althergebrachte, dienen dabei als Konstrukte, die uns die Last der Verantwortung erleichtern und uns das Unerklärliche erklären.

Sechs Strategien beim Ablehnen von Verantwortung

Die Menschen, die Verantwortung meiden, tun das aus verschiedenen Gründen. Es ist hilfreich, wenn wir uns die verschiedenen Methoden, mit denen Menschen die Verantwortung für die Partnerwahl von sich wegschieben, einmal genauer anschauen. Ich werde Ihnen im Folgenden sieben solcher Methoden vorstellen. Viele Menschen sind nicht umstandslos einer bestimmten Gruppe zuzuordnen. Manche finden sich gar in allen sieben Untergruppen wieder. Allerdings zu verschiedenen Zeiten in unterschiedlichem Maße.

1. Die Bequemen – oder: Ich lasse mich finden

„Warum bitteschön soll ich nach einem Partner suchen?
Ich warte einfach, wer kommt. Ich lasse mich finden!"
(Veronika F., 36)

Mit der Bequemlichkeit des Sich-finden-Lassens haben wir uns bereits am Beispiel von Anna-Marie beschäftigt. Da der Mythos von Dornröschen aber Kernbestandteil unserer Kultur ist, findet sich die Bequemlichkeit als Motiv bei nahezu allen Menschen, unabhängig von ihrem Aussehen, wenn auch in unterschiedlichem Maße.

2. Die Perfekten – oder: Ich mach doch keine Fehler

„Sie mit Ihrer blöden Verantwortung! Ich bin jedenfalls nicht schuld, dass meine letzte Beziehung in die Brüche gegangen ist. Wenn Sie es ganz genau wissen wollen: Sie hat mich verlassen." (Erwin B., 46)

Manche Menschen wollen die ehrliche Auseinandersetzung mit der vergangenen Beziehung unbedingt vermeiden. Sie wollen unter gar keinen Umständen eigene Fehler erkennen, die sie in der vergangenen Beziehung gemacht haben oder schon bei der Partnerwahl. Für diese Haltung ist in der Regel eine Mischung aus Stolz und Überheblichkeit verantwortlich, die ihre Ursache in großen Selbstwertzweifeln hat. Lebensunsichere Menschen verwenden ihre Energie bevorzugt darauf, keine Fehler zu machen oder sie zumindest nicht zuzugeben.

Sicher ist Ihnen auch schon aufgefallen, wie herablassend mancher Mann von seiner ehemaligen Partnerin redet und manche Frau von ihrem ehemaligen Partner. Schnell bekommt man bei diesen Erzählungen den Eindruck, sie oder er sei ein wahrer Zombie gewesen, eine Ansammlung sehr problematischer psychischer Absonderlichkeiten. Wir alle schieben auf diese Weise gerne die Verantwortung von uns. „An mir lag es nicht!" Kurzfristig bringt eine solche Haltung Entlastung, langfristig aber manövrieren wir uns auf diese Weise in eine Sackgasse. An mir lag es nicht! Der andere war schuld. Wir selbst können, ja brauchen nichts zu lernen und nichts zu ändern.

Und genau das tun die Perfekten auch nicht. Sie brauchen nichts zu verändern, brauchen keine neuen Antworten zu finden auf die Frage *Wer passt zu mir?* Klar, dass die Perfekten sich auf *Verantwortung* sehr unwohl fühlen. Sie haben große Angst, einen Fehler zuzugeben.

Von der Lust am Fehler

Das menschliche Leben bringt es mit sich, dass wir Fehler machen. Entscheidend ist deshalb nicht, ob wir ab und an irren. Wichtig ist vielmehr, dass wir aus unseren Fehlern auch lernen. Das geht aber nur, wenn wir bereit sind, uns selbst Fehler auch einzugestehen. Dieser Schritt fällt vielen Menschen sehr schwer. Sie sind sich selbst gegenüber im Grunde ihres Herzens sehr kritisch eingestellt. Sobald sie einen Fehler bei sich wahrnehmen, brechen regelrecht alle Dämme und eine wahre Flut von negativen Gedanken überschwemmt sie.

Manchmal kommen Ratsuchende nur deshalb zu mir in die Beratung, weil sie sich ihren Fehlern in vergangenen Beziehungen nur mit Hilfe eines professionellen Coaches stellen können und wollen. Sie wollen – endlich – die Lust am Fehler entdecken. Und sie brauchen jemanden, der allzu negativen Gedanken entgegentritt.

3. Die Romantiker – oder: Ich will mich endlich neu verlieben

„Hauptsache, ich verliebe mich wieder. Ich will endlich dieses tolle Gefühl wieder erleben. Alles andere ist mir egal." (Elvira S., 38)

Die Romantiker haben den Zeitgeist auf ihrer Seite. Sie haben einen ganz modernen Mythos über die Liebe verinnerlicht. Ob Hera Lind, Rosamunde Pilcher oder das Traumschiff – die Devise heißt hier immer: Hauptsache verliebt! Alles andere wird sich finden. Es ist nicht einmal Nebensache. Es ist einerlei. Denke nicht nach! – so rufen diese Liebesgeschichten uns zu. Verliebe dich einfach neu! Die nächste Liebe kommt bestimmt. Diesmal ist es garantiert der oder die Richtige. Verliebe dich einfach neu – und alles wird gut! Diese Nachricht der Verantwortungslosigkeit kommt bei vielen Menschen gut an.

Wir alle lieben die einfachen Erklärungen, die triviale Liebesmythen anbieten: Die Liebe, eine Schicksalsmacht. Keine Anstrengung ist dafür nötig. Kein Nachdenken, nur Zuwarten. Schade, dass der Zeitgeist ein so schlechter Ratgeber in Sachen Liebe ist.

4. Die Hochnäsigen – oder: Ich finde keinen

„Gewisse Ansprüche wird man ja wohl noch haben dürfen. Ich nehme doch nicht irgendeinen!" (Silvia R., 36)

Klar nehmen wir nicht irgendeinen. Doch wer eine Vielzahl von Forderungen an einen möglichen Partner stellt, zerstört damit jede Chance auf eine erfolgreiche Suche. „Sie ist zu anspruchsvoll", sagen Freundinnen dann gerne. „Ihm kann es einfach keine recht machen", sagen die Freunde. Das ist nicht wahr. Woran es hier fehlt, ist vielmehr der Mut. Die Hochnäsigkeit hat ein Ziel – sie soll eine neue Partnerschaft verhindern. „Einen Partner wählen", das klingt so leicht und so selbstverständlich. Doch das ist es in der Tat nicht. Eine Partnerschaft erfordert Mut. Den Mut, die eigene Welt mit einem anderen Menschen zu teilen. Den Mut, dem Anderssein des anderen mit Neugier zu begegnen. Den Mut, zu sich selbst zu stehen und sich nicht im anderen zu verlieren. Oft fehlt es an allem – und in dem Fall ist das Alleinebleiben eine prima Alternative.

5. Die Gerontophobiker – oder: Ich bin zu alt

„Eine Frau über 40 trifft eher auf einen Tiger als auf einen Mann. Kennen Sie diesen Spruch etwa nicht?" (Silvia N., 44)

Auch zu dieser Haltung trägt der Zeitgeist sein Scherflein bei. Unsere Kultur verherrlicht das Jungsein. Dies gilt ganz besonders für Frauen. Eine Frau über 30 – unvermittelbar. Eine Frau über 40 – jenseits von Gut und Böse!
Stimmt das wirklich? Ist die Partnersuche ab einem gewissen Alter nahezu unmöglich? Nein. Die Partnersuche wird

ab etwa dem 30. Lebensjahr schwieriger – für Männer wie für Frauen gleichermaßen. Es gibt eben nur noch wenige Singles in den Altersgruppen von 30 bis 60. Oberhalb des 60. Lebensjahres wird die Zahl der Singles dann wieder größer. Trotz aller Fortschritte der Medizin – in diesem Alter sind immer mehr Menschen unfreiwillig Single, weil sie verwitwet sind. Frauen sind davon erheblich häufiger betroffen als Männer, da Männer eine geringere Lebenserwartung haben. Für Frauen über 60 ist die Partnersuche deshalb tatsächlich etwas schwieriger. Aber nicht unmöglich. Unter den vielen Liebesgeschichten, die ich im Laufe der Jahre gesammelt habe, sind einige, die sich erst nach dem 70. Lebensjahr entwickelten. Eine Frau sagte später, als sie wiederum Witwe geworden war, sogar: „Es war die schönste Partnerschaft meines Lebens."

Bei den meisten Menschen ist das Alter allerdings nicht viel mehr als eine billige Ausrede. Sie dient dazu, nichts tun zu müssen. Diese Menschen wollen auf das Schicksal warten. Sie wollen Dornröschen sein.

6. Die Narzissten – oder: Mein Aussehen ist schuld

„Suchen, wählen, entscheiden – was Sie nur haben! Dabei ist die Sache ganz einfach, ich habe nämlich einen Spiegel und in den schaue ich jeden Tag mehrmals hinein. Ich kann Ihnen genau sagen, was bei mir los ist: Wenn ich besser aussähe, würde ich auch einen Partner finden." (Erika M., 32)

„Mein Aussehen ist schuld!" Was von dieser Ansicht zu halten ist – Sie wissen es bereits. Sie haben Anna-Marie und ihre aussichtslos erscheinende Partnersuche ja bereits miterlebt. Schönheit ist kein Garant für das Glück in der Liebe. Muss man so einen Allgemeinplatz überhaupt noch aussprechen? Ich fürchte, ja. Viele Menschen hegen die Überzeugung, dass sie nur besser aussehen müssten, und schon sei das Problem der Partnersuche für sie gelöst. Dabei braucht man nur einmal all die Liebesdramen in der Welt der Reichen und Schönen zu verfolgen, um zu sehen, dass Schönheit die Sache mit der Liebe womöglich sogar verkompliziert.

Trotzdem: Viele Menschen bilden sich ein, das Aussehen sei die entscheidende Größe bei der Partnersuche. An sich und ihrem Äußeren lassen sie dabei kein gutes Haar. „Wenn ich doch nur besser aussehen würde, dann hätte ich auch einen Partner!"

Woher kommt diese Neigung, die äußere Attraktivität für so entscheidend zu halten? In der Regel transportieren Menschen bei dieser Vorgehensweise innere Unsicherheiten nach außen und versuchen, sie dort zu lösen. Das geht schief. Und dem Ziel der Partnerschaft kommen sie damit keinen Schritt näher. Woran es hier fehlt, ist nicht eine andere Haarfarbe, eine schlankere Figur oder ein teureres Parfüm – es fehlt an innerer Sicherheit, an Selbstwertgefühl. In Wahrheit kommt es bei der Partnersuche mehr auf die Ausstrahlung eines Menschen an als auf sein mögliches Abschneiden bei einem Schönheitswettbewerb. Die Ausstrahlung aber ist das Ergebnis innerer Ruhe und Zufriedenheit – und beides ist nicht in Töpfen und Tiegeln erhältlich. In Wahrheit erleichtert ein besonders gutes Aussehen einen Erfolg bei der Partnersuche keineswegs. Ein durchschnittliches Aussehen dagegen hilft. Warum? Weil Menschen dazu neigen, einen Partner zu wählen, der ähnlich gut aussieht wie sie. Und durchschnittlich gut aussehende Menschen gibt es deutlich mehr als überdurchschnittlich gut aussehende. Deshalb ist es für erstere auch leichter, jemanden zu finden.

Wie Sie die Verantwortung übernehmen

Der Philosoph Karl Jaspers hat das Problem der menschlichen Verantwortung so ausgedrückt: „Die Zukunft ist als Raum der Möglichkeit der Raum unserer Freiheit." Diese Freiheit sollten wir nutzen. Wir sollten danach trachten, die Freiheitsräume, von denen Jaspers spricht, auch wirklich zu nutzen. Die Vorteile für unser Leben sind enorm: Wir gewinnen die Chance, unser Leben in die eigene Hand zu nehmen, uns nicht mehr bestimmen zu lassen von unbewussten Motiven und tradierten Mythen. Ein lohnendes Ziel, wie ich finde.

Unser Lebensglück ist ein viel zu hohes Gut, um es dem Zufall oder einem angeblichen Schicksal zu überlassen. Ich will Sie deshalb im Folgenden mit den besten Strategien vertraut machen, in der Liebe die Verantwortung zu übernehmen. Diese Strategien sollen Sie dabei unterstützen, Ihre persönlichen Freiheitsräume zu erobern. Sie sind vielfach erprobt und bewährt. Wollen Sie es versuchen? Na, dann los.

Erste Strategie: Finden Sie heraus, wie Sie sich vor der Verantwortung drücken

Wir alle scheuen uns, in der Liebe die Verantwortung zu übernehmen. Wir alle würden gerne Dornröschen sein und einfach nur gefunden werden. Wir alle möchten uns im Grunde unseres Herzens einfach nur verlieben. Das alleine ist noch nicht problematisch. Richtig schwierig wird es für uns erst, wenn wir das alles nicht einmal wissen. Lassen Sie uns also einen Blick werfen auf Ihre persönlichen Lieblingsvarianten, die Verantwortung zu vermeiden. Besser, Sie wissen, *dass* Sie es tun. Und besser, Sie wissen, *auf welche Weise* Sie es tun. Dann sind Sie freier in Ihren Handlungen. Dann können Sie gegensteuern.

Übung: Lesen Sie noch einmal genau die Darstellung der sechs Motive, *nicht* die Verantwortung zu übernehmen. Wie ergeht es Ihnen beim Lesen? Was kommt Ihnen bekannt vor? Erkennen Sie sich selbst in der einen oder anderen Beschreibung wieder? Welche Verhaltensweisen haben Sie in der Vergangenheit schon bei anderen beobachtet? Machen Sie sich im Anschluss an jeden Abschnitt Notizen. Schreiben Sie alles auf, was Ihnen dazu einfällt. Schreiben ordnet und klärt unsere Gedanken. Schreiben Sie, so viel Sie wollen. Sie können sich hierzu auch ein eigenes Büchlein zulegen, in das Sie auch im Folgenden immer wieder Ihre Gedanken zu diesem Buch notieren und Übungen durchführen, eine Art Reisetagebuch also für unsere fünf Kontinente der Partnerwahl.

Vergeben Sie am Ende jedes Abschnitts eine Punktzahl, um auszudrücken, wie stark Sie zu der jeweiligen Haltung neigen. Benutzen Sie hierfür die Skala von 1 bis 10. Geben Sie sich einen Punkt, wenn Sie nur sehr wenig zu der jeweiligen Strategie neigen, vier oder fünf, wenn Sie das angesprochene Verhalten schon mal bei sich beobachtet haben, und zehn Punkte, wenn Sie sehr dazu neigen.

Keine Angst, Sie müssen die Punkte am Ende nicht addieren und bekommen von mir auch keine Analyse Ihrer Schwachstellen oder Empfehlungen, was Sie gefälligst anders machen sollten. Es geht mir ausschließlich darum, dass Sie Ihre Selbstwahrnehmung schärfen. Sie sollen sich selbst auf die Schliche kommen. Diese Übung soll Ihnen bewusst machen, welche Mythen und Vorstellungen von der Liebe Ihr Herangehen an die Partnerwahl prägen – mehr nicht.

Eine solche größere Bewusstheit hat Folgen: Wenn Sie Ihre Schwachstellen kennen, dann können Sie in Zukunft freier handeln. Wenn Ihnen zum Beispiel bewusst ist, dass Sie eigentlich nicht suchen wollen, sondern lieber gefunden werden möchten, dann können Sie sich dazu entscheiden, trotz Ihrer vorhandenen Widerstände mit der Suche zu beginnen.

Eine Bitte: Seien Sie bei dieser Übung nicht zu selbstkritisch. Wenn Sie zum Beispiel merken, dass Sie einen Hang zur Romantik haben, manchmal verzagt sind und in der Vergangenheit auch schon einmal in die Gruppe der Hochnäsigen gehört haben, dann sollten Sie sich dafür nicht kritisieren oder gar niedermachen. Im Gegenteil: Es ehrt Sie, dass Sie diese Regungen so offen zugeben können. Seien Sie also stolz auf sich!

Auch ich bin immer stolz auf all diejenigen, denen es in der Beratung bei mir gelingt, eigene Fehler und Schwächen zu erkennen. Niemand ist verpflichtet, perfekt zu sein. Wir alle haben Fehler und Schwächen. Glauben Sie mir: Nicht unsere Fehlhaltungen machen uns das Leben so richtig schwer, sondern die mangelhafte Bereitschaft, sie uns selbst und anderen auch einzugestehen.

Zweite Strategie: Werden Sie Realist – tragen Sie Ihren Fernseher in den Keller

Das Fernsehen ist der fleißigste Zuarbeiter des Zeitgeistes und der Liebesmythen. Drehen Sie dieser dauernden Berieselung mit Falschbotschaften über die Liebe den Hahn ab. „Kriegt sie ihn?" Aber natürlich! „Wird er seinen Nebenbuhler loswerden?" Ja klar! Über die Wirklichkeit der Liebe erfahren Sie hier nichts.

Verbannen Sie Ihren Fernseher in den Keller. Leben Sie vier Wochen lang ohne Liebesschnulzen. Und auch ohne Action- oder Fantasyfilme, denn auch die kommen ohne eine Liebesgeschichte als Dreingabe nicht aus. Bleiben noch die Schmöker im Stile von Barbara Wood oder Hera Lind – auch die sind vier Wochen lang tabu. Vier Wochen sind schnell vorüber. Wenn Sie die geschafft haben, nun, dann verlängern Sie die Auszeit doch einfach. Was Sie einmal geschafft haben, das schaffen Sie auch ein zweites Mal. Und dann ein drittes.

„Ach, lassen Sie den Menschen doch ihre harmlosen Vergnügen", sagt der Pressesprecher von *Verantwortung* und zieht seine Stirn kraus. „Nein", lautet meine Antwort, „das alles ist keineswegs harmlos." In all diesen Filmen und Romanen lernen wir nichts über die Wirklichkeit der Liebe. Das allein ist schon schlimm genug. Es kommt aber noch ärger: Wir lernen auf diese Weise die klassischen und modernen Liebesmythen in- und auswendig, so lange, bis wir nicht einmal mehr bemerken, wie sehr sie unser Verhalten bestimmen. Wir verinnerlichen den Dornröschen-Mythos – bis er unser Bild vom Kennenlernen zweier Liebender prägt. Wir lernen Tag für Tag die Lektion „Verlieben reicht" – bis wir gar nicht mehr auf die Idee kommen, dass es bei der Liebe um mehr geht als um das Verlieben, um das Prüfen nämlich und das Wählen. Und wir bekommen heutzutage in Liebesfilmen immer wieder vermittelt, dass zunächst die Sexualität kommt und dann erst die Liebe – und fragen uns schließlich, ob wir altmodisch sind oder prüde, wenn wir uns erst verlieben wollen und anschließend erst körperlich näherkommen.

Geben Sie sich also einen Ruck und tragen Sie Ihren Fernseher in den Keller. Am besten jetzt sofort! Sie werden es nicht bereuen. Vier, acht oder zwölf Wochen ohne Liebesmythen können wahre Wunder bewirken, besonders wenn Sie die freie Zeit in den nächsten Wochen und Monaten nutzen, um neue Erkenntnisse über die Liebe zu erlangen.

Dritte Strategie: Sorgen Sie für neue Erkenntnisse – lesen Sie psychologische Bücher

Sie lesen dieses Buch. Glückwunsch! Möglicherweise haben Sie in der Vergangenheit bereits den ein oder anderen psychologischen Ratgeber zur Hand genommen und auf diese Weise Erkenntnisse über sich und Ihr Leben gewonnen. Ich kann Sie in dieser Vorgehensweise nur bestärken.

In der Liebe gilt – wie auch im sonstigen Leben – die Regel *time on task*: Je mehr Zeit wir auf eine Aufgabe verwenden, desto besser werden wir auch. Diese Regel leuchtet den meisten Menschen in Bezug auf die Arbeit unmittelbar ein. „Übung macht den Meister", lautet eine ganz ähnliche deutsche Lebensweisheit. Wer Schreiner werden will, lernt zu hobeln, wer Schlosser wird, das Feilen – und niemand erwartet, dass das ohne Zeitaufwand möglich ist.

In Bezug auf die Liebe aber lehnen viele Menschen die Regel *time on task* ab. Sie vergeben damit die Chance, neue Erkenntnisse zu gewinnen und seelisch zu wachsen. Dabei macht Wissen nicht nur klug, es erhöht auch das Selbstwertgefühl. Lesen Sie also jede Woche ein psychologisches Buch. Eines über die Liebe. Eines über Selbsterkenntnis. Oder eines über Menschenkenntnis. Zeit genug haben Sie ja jetzt, wo Ihr Fernseher im Keller steht. Zu neuen Erkenntnissen über die Liebe führen natürlich auch andere Wege: Vorträge, Seminare und Workshops eignen sich ebenfalls, um psychologisches Wissen zu erwerben.

Welche Bücher Sie lesen, dass bleibt Ihnen überlassen. Sie können aber auch gerne die Literaturliste am Ende des Buches als Anregung nutzen. Weil viele Autoren uns wichtige Dinge zu sagen haben, habe ich diese Liste etwas anders gestaltet als üblich. Sie werden zu jedem dort aufgeführten Buch einen kurzen Kommentar von mir finden. Die Liste umfasst *meine* Buchempfehlungen für *Sie*. Es sind Bücher, die sich in meinen Augen bewährt haben, wenn Sie mehr wissen wollen darüber, wie Sie Verantwortung übernehmen, wie Sie Selbsterkenntnis gewinnen, wie Sie herausfinden können, wer zu Ihnen passt, wie Sie den Charakter eines anderen Menschen einschätzen können und wie Sie am Ende eine gute, eine reife Wahl treffen.

Vierte Strategie: Tauchen Sie ein in die Welt der realen Liebe – sammeln Sie Liebesgeschichten

Bücher vermitteln uns Wissen aus zweiter Hand. Das kann wertvoll und nützlich für uns sein. Doch noch wertvoller und nützlicher sind eigene Erkenntnisse. Mein Vorschlag: Starten Sie doch selbst ein kleines Forschungsprojekt zur Liebe und zu der Frage *Wer passt zu mir?* Am meisten können Sie über die Liebe lernen, wenn Sie schauen, wie sie in der Realität entsteht, wie sie sich entwickelt und in manchen Fällen – leider – auch wieder vergeht. Wenn Sie sich also *wirkliche* Liebesgeschichten anhören.

Die Liebe ist eine Erfahrungswissenschaft. Meine persönliche Sammlung von wirklichen Liebegeschichten umfasst mittlerweile einige tausend solcher Erzählungen. Heute sind diese Geschichten für mich ein reichhaltiger Vorrat, ein Fundus, aus dem ich schöpfe, beim Schreiben und auch in der Beratung. Als ich vor 20 Jahren anfing, Liebesgeschichten zu sammeln, ahnte ich nicht, wie wertvoll sie einmal für mich werden sollten, für mein privates Leben und auch beruflich. Ich tat es – wie ich dachte – aus einer Laune heraus. Immer wieder war ich unglücklich verliebt und ewig und immer ein unzufriedener Single. Das änderte sich dann aber bald. Die Liebesgeschichten waren mir dabei eine wertvolle Hilfe.

Werden Sie also selbst zum Forscher. Sammeln Sie Liebesgeschichten. Fragen Sie Freunde und Bekannte nach deren Partnerschaft. Da Sie auf der Suche sind nach einer Antwort auf die Frage *Wer passt zu mir?*, sollten Sie die Geschichten, die Sie erzählt bekommen, gezielt nach Antworten auf diese Frage durchforsten. Fragen Sie bei Ihren Gesprächen mit Freunden und Bekannten nach der vergangenen Liebe und dann nach der neuen. Was haben Ihre Gesprächspartner bei einer erneuten Entscheidung für einen Lebenspartner anders gemacht? Wie haben sie es geschafft, glücklicher und zufriedener zu werden? Welche Schlüsse für die Zukunft haben sie aus dem Scheitern der alten Liebe gezogen? Warum ist diese Vorgehensweise so wirksam? Was kann es Ihnen bringen, zu hören, wie andere eine Antwort auf die Frage *Wer passt zu mir?* gefunden haben? Sehr viel, sagt die Wissenschaft. Sie erinnern sich sicher noch an die spezifisch menschliche Fähigkeit, in die Zukunft zu schauen und sie sich vorzustellen. Diese Fähigkeit ist einzigartig, doch leider sind wir Menschen über die Zukunft sehr leicht zu täuschen, weil wir uns nicht der Grenzen bewusst sind, die die menschliche Vorstellungskraft uns setzt. Die allermeisten Menschen versuchen in die Zukunft zu schauen, indem sie sie sich vorstellen. Sie stellen sich vor, wie es wäre, eine neue Wahl zu treffen. Dabei bestimmt ihr gegenwärtiges Bild von sich selbst und wer zu ihnen passt ihre Vorstellungskraft und damit auch das zukünftige Bild.

Weit aussichtsreicher als dieses Vorgehen ist die *Stellvertreter-Strategie*: Sie suchen sich Menschen, die eine wichtige Erfahrung stellvertretend für Sie schon gemacht haben. Warum sollen wir selbst eigentlich alleine eine Antwort suchen, welche Wahl passender ist, wo doch schon viele andere Menschen vor uns in der gleichen Situation waren wie wir? Sie waren in der Liebe gescheitert und mussten eine neue Antwort finden auf die lebenswichtige Frage *Wer passt zu mir?* Warum also nicht von diesen Menschen und ihren Erfahrungen lernen? Warum nicht sie als Stellvertreter nutzen?

Wer die Erfahrungen anderer für seine eigenen Entscheidungen nutzt, der kommt besser zu Lösungen. „Wer alleine vorankommen will, der addiert", sagt eine alte Lebensweisheit. *Wer aber mit anderen zusammenarbeitet, der multipliziert.* Diese Einsicht ist eine der Grundlagen des großen Erfolgs von Selbsthilfegruppen. Dort finden sich immer hilfreiche Stellvertreter, von deren Erfahrungen wir profitieren können. Natürlich können wir nicht die Entscheidungen anderer eins zu eins für unser Leben übernehmen. Das wäre denn doch zu einfach. Das menschliche Leben ist komplex, und was für den einen richtig ist, muss für den nächsten noch lange nicht passen. Aber wir können uns anregen lassen und die Erfahrungen anderer als wichtige und hilfreiche Anregung für unser eigenes Leben nutzen. Die Erfahrungen anderer zeigen uns neue Wege auf, wie wir selbst die Verantwortung für unser Leben übernehmen können. Sie weiten unseren Blick für die vielen Möglichkeiten der Zukunft und für den großen Raum der Freiheit, der vor uns liegt und darauf wartet, von uns erobert zu werden.

Abschied vom Kontinent *Verantwortung*

Verantwortung übernehmen für die kommende Partnerschaft – das kann eine Vielzahl unterschiedlicher Dinge bedeuten. Es kann heißen, dass Sie sich mit der vergangenen Beziehung auseinandersetzen. Es kann heißen, dass Sie lernen müssen, besser für sich selbst zu sorgen. Es kann heißen, dass Sie schlicht auf die Suche gehen, statt abzuwarten, ob der Zufall Sie jemanden kennenlernen lässt. Es kann aber auch bedeuten, dass Sie sich selbst besser kennenlernen müssen – aber das kommt erst auf dem nächsten Kontinent. Was genau es für *Sie* heißt, das können auch nur Sie selbst herausfinden. Und da Sie unsere Reise nach *Verantwortung* so gewissenhaft mitgemacht haben, bin ich mir sicher, dass es Ihnen gelingen wird.

Doch nun heißt es langsam Abschied zu nehmen von diesem spannenden Kontinent. Unsere Reise zu den fünf Kontinenten der Partnerwahl geht weiter. Der Bus fährt uns zum Flughafen von *Verantwortung*. Die meisten Mitreisenden eilen zu den Abflugschaltern, kaum dass die Bustüren sich öffnen. Sie zerren an ihren Koffern und Taschen und eilen im Laufschritt in die Abflughalle. Wir lassen ihnen der Vortritt. Einige wenige Mitreisende schlendern so wie wir ruhig und entspannt durch das Flughafengebäude. Der nette dunkelhaarige Mann dort drüben zum Beispiel mit der etwas antiquierten Nickelbrille. Und da, die blonde Frau neben Ihnen, sie sieht so gelassen und zufrieden aus! Ihr scheint es hier auf *Verantwortung* richtig gut gefallen zu haben. Na, so ein

Zufall! Das ist ja Anna-Marie! „Hallo, Anna-Marie! Wie hat es Ihnen gefallen hier auf *Verantwortung?*"

„Wunderbar!", sagt Anna-Marie. „Es hat mir so gut getan, hier zu sein. Ich sehe jetzt vieles klarer. Ich glaube, das Wichtigste für meine Partnersuche ist die Selbsterkenntnis!"

Das trifft sich ja gut, dann haben wir das gleiche Ziel!

Teil 2: Selbsterkenntnis

Selbsterkenntnis ist der Kontinent der unbegrenzten Möglichkeiten. Er ist so groß wie die USA und bietet Reisenden auch ebenso viel Abwechslung. Die einen verschwinden in der Anonymität der Straßenschluchten von New York, andere sonnen sich an den Stränden Floridas oder halten innere Einkehr beim Anblick der Geysire im Yellowstone-Nationalpark. Wieder andere besuchen das renommierte Alfred-Adler-Institut in Chicago oder lassen sich in schamanische Techniken einführen. Ganz schön unübersichtlich, das Angebot hier in *Selbsterkenntnis*!

„Wir machen alles möglich", preist der Pressesprecher des Tourismusverbandes sein Land großspurig an und lacht dabei noch breiter als sein Kollege von *Verantwortung*. Ob das auch alles seriös ist, was *Selbsterkenntnis* uns zu bieten hat?

Warum Selbsterkenntnis hilft

Eines Nachts wachte Thomas (38) schweißgebadet auf und lag anschließend wie benommen da, den Blick starr zur Zimmerdecke gerichtet, wo die Lichter der gegenüberliegenden Fabrik durch die Blätter der Kastanie vor seinem Schlafzimmerfenster in tanzende Figuren verwandelt wurden. „Wie Gespenster", dachte er, und die Lichter tanzten verwegen, angetrieben von einem Windstoß.

Sein Herz raste, der Kopf dröhnte noch immer von dem Lärm der Flugzeugmotoren, der seinen Traum erfüllt hatte.

Langsam nur wurde er ruhiger und das Herz schlug wieder normal. Thomas griff hinüber zu seiner Brille, die auf dem Nachttisch lag, ein altmodisches Nickelmodell, das er auf einem Flohmarkt erstanden und mit neuen Gläsern hatte versehen lassen. Er knipste die Nachttischlampe an, griff nach seinem Traumtagebuch und begann zu schreiben.

„Schreiben Sie alles auf, was Sie träumen. Stichpunkte reichen schon, damit Sie sich am nächsten Tag erinnern können", hatte seine Therapeutin gesagt. Immer wenn Thomas von einem seiner Träume erwachte, kam er gewissenhaft dieser Aufforderung nach.

Wenn Vergangenes uns nicht loslässt

Keiner seiner Freunde wollte Thomas noch zuhören. Neun Monate nach der Trennung waren sie es alle leid. „Karin hat … Karin sagt … Stell dir vor, Karin hat mich angerufen!" Frau Dr. Stamm dagegen, die Psychotherapeutin, die er gefunden hatte, hörte ihm zu. Sie hörte gut zu.

Thomas berichtete ihr von seiner unglücklichen Trennung von Karin. Von den unruhigen Nächten, die er seither durchlitt. Von den Träumen, in denen Kampfflugzeuge ihn jagten und verfolgten. Von den Gespenstern, die aus einer vergangenen Zeit zu kommen schienen.

„Hm", sagte Frau Dr. Stamm.

Manchmal wiederholte sie auch nur einfach in wenigen Worten, was er zuvor erzählt hatte, und Thomas fühlte sich verstanden.

Nach drei Monaten etwa war es, da sagte Frau Dr. Stamm einen Satz, der Thomas sprachlos machte. Es war eine Frage, und sie stellte sie mit der ganzen Macht ihrer Autorität und mit jener ihr eigenen Wärme in der Stimme, einer Wärme, an die er sich im Laufe der Wochen und Monate schon sehr gewöhnt hatte.

„Gute Frage", entgegnete er schließlich, weiter wusste er nichts zu sagen.

Er ging wie in Trance nach Hause, hörte die Kinder nicht, die auf dem Bolzplatz an der Ecke spielten, bemerkte das Hupen der Autos nicht, als er gedankenverloren die Straße überquerte. Er hörte nur immer wieder diesen Satz seiner Therapeutin: „Aber wie sind Sie denn nur darauf gekommen, dass diese Frau zu Ihnen passt?"

Erkenne dich selbst!

Selbsterkenntnis galt schon den alten Griechen als eine wichtige Tugend. „Erkenne dich selbst" stand am Tempel des Apollo im Tempelbezirk des Orakels von Delphi. Der Philosoph Heraklit lobte die Selbsterkenntnis überschwänglich. „Ich habe mich selbst gesucht", sagte er stolz. Auch Sokrates hielt die Tugend der Selbsterkenntnis hoch. Seiner Ansicht nach war ein ungeprüftes Leben nicht lebenswert. Er sah in der Selbsterkenntnis eine regelrechte ethische Verpflichtung des Menschen. Wer ihr nicht nachkommt, macht sich schuldig, denn er bleibt hinter seinen Möglichkeiten zurück.

Nicht nur die klassische Philosophie, auch die Psychologie ist ein Fürsprecher der Selbsterkenntnis. Selbsterkenntnis ist auch aus ihrer Sicht ein wichtiger Wert, ja sogar eine tragende Säule des menschlichen Glücks.

Wer Single ist und auf die Suche nach der nächsten Partnerschaft geht, sollte wissen, welche Glücksbedingungen für ihn in einer Partnerschaft gelten. Welche dieser Bedingungen waren in der letzten Beziehung nicht erfüllt?

Später dann, in einer Beziehung, ist das Sich-selbst-Kennen eine Grundbedingung für eine gute Partnerschaft. Wer in dauerhafter Nähe zu einem anderen Menschen leben will, sollte sich selbst gut kennen. Er sollte wissen, wie er zu dem geworden ist, der er ist. Ja, er sollte vor allem zunächst einmal erkennen, dass er seine ganz individuelle Art hat, die Welt zu sehen und zu erleben und dass der Partner tatsächlich anders ist als er selbst. Dass er die Welt mit ganz anderen Augen sieht.

Wer beruflich erfolgreich und zufrieden sein will, muss wissen, was ihn wirklich bewegt, was sein Herz und sein Gemüt so sehr beschäftigt, dass er es gerne und mit Freude tun kann und will. Wer gute Arbeit leisten will, der muss seine Arbeit regelrecht lieben. Und lieben können wir gemeinhin das, was wir in unserer Kindheit und Jugend als wertvoll erkannt haben. Unser Glück als erwachsener Mensch lebt also immer noch von den Hoffnungen und Träumen, die uns in der Kindheit beschäftigt haben.

Lebenskrisen als Anstöße für Selbsterkenntnis

Trotz aller Fürsprecher in Philosophie und Psychologie: Im Leben der meisten Menschen gleicht Selbsterkenntnis einer verkümmernden Pflanze, der Licht, Luft und Nährstoffe fehlen, um gut gedeihen zu können. So war es auch bei Thomas, bis er den Weg in die Psychotherapie fand.

Um Selbsterkenntnis ist es ihm bei diesem Schritt allerdings nicht gegangen. Kaum jemand sucht eine Therapeutin
oder einen Therapeuten mit dem Vorsatz auf, seine Selbsterkenntnis zu vertiefen. Und doch ist Selbsterkenntnis eine
der häufigsten Folgen einer Psychotherapie.

Wer eine Therapie beginnt, hat in der Regel drängende Probleme, die ihn zermürben. Er leidet unter Ängsten, unter
Gefühlen der Sinnlosigkeit, ist depressiv oder hat scheinbar sinnlose Zwangsgedanken, die ihn beschäftigen. Wer in
eine Therapie geht, will – so wie Thomas – vor allem eine
Linderung seiner Symptome erreichen. Erst die zermür-
benden Nächte, die Träume, aus denen er nassgeschwitzt
erwachte, hatten den Leidensdruck bei ihm so sehr erhöht,
dass er den Schritt wagte, sich einer Fremden, einer Therapeutin anzuvertrauen.

Eines hat sich seit den Tagen des Orakels von Delphi also
nicht verändert: *Es sind die Lebenskrisen, die zur Selbsterkenntnis motivieren.* Läuft das Leben ruhig wie ein mäandernder
Fluss durch eine liebliche Auenlandschaft – woher soll er
kommen, der Impuls, mehr wissen zu wollen über sich
selbst, die Entwicklung, die man genommen hat und die
am Ende zu genau dem Menschen führte, der man jetzt ist?
Das ruhige, das beschauliche Leben ist nicht der Humus, auf
dem die Pflanze der Selbsterkenntnis wächst. Eher schon
sind es die unsicheren und schwierigen Lebenslagen wie
Trennung, schwere Krankheiten, berufliche Perspektivlo-
sigkeit oder der Tod eines nahen Angehörigen oder Freun-
des, die uns antreiben, nach Antworten zu suchen. Erst
wenn unser gewohntes Leben aus dem Takt gerät, sind wir

also bereit, das Risiko und die Anstrengung der Selbsterkenntnis auf uns zu nehmen.

Noch ein zweites Motiv ist heute ebenso wirksam wie in der Antike. Wer sich auf den Weg zur Selbsterkenntnis macht, findet in seinem Umfeld, in der Familie, beim Partner, bei Freunden und Bekannten nicht das, was er sucht. Das ist der Grund, weshalb Menschen anderswo nach Antworten suchen.

Diese Suche hat Folgen. Die häufigsten Folgen von Selbsterkenntnis sind durchweg positiv. Uns erwartet ein ruhigeres, ein bewussteres und zufriedeneres Leben. Ein Leben, das weniger von unbewussten Motiven gesteuert wird. Ein Leben, das mehr unseren eigenen Wünschen und Bedürfnissen folgt. „Auf nach *Selbsterkenntnis!*", könnte man da sagen, bei all den wunderbaren Konsequenzen, die ein Aufenthalt dort verspricht.

Wie wir Selbsterkenntnis erreichen können

Viele Menschen, die auf der Suche nach Selbsterkenntnis sind, belassen es auch heutzutage bei den Vorgehensweisen, die schon die alten Griechen kannten: Sie befragen ein Orakel. Astrologie, Kartenlegen, Wahrsagen oder Pendeln sollen ihnen einen Hinweis auf sich selbst geben. Auf diese vormodernen und im Übrigen sehr bequemen Verfahren der Selbsterforschung will ich hier nicht näher eingehen. Ich möchte niemandem seine persönlichen Vorlieben auf dem

Weg zur Selbsterkenntnis madig machen. Vieles hilft zwar nicht viel, schadet aber auch kaum. Trotzdem möchte ich mich im Folgenden mit den psychologisch wirklich erprobten Formen der Selbsterkenntnis beschäftigen.

„Nun seien Sie doch bitte nicht so selbstgerecht", sagt der Pressesprecher von *Selbsterkenntnis,* ein smarter Mittdreißiger in Jeans und offenem Polohemd. „Wir haben hier viele Menschen, die ganz begeistert sind von Horoskopen, vom Pendeln und vom Kartenlegen. Auch die schamanischen Workshops sind immer gut besucht. Das können Sie doch nicht einfach so vom Tisch wischen."

„Doch", möchte ich dem entgegnen. Nicht alles, was der Kontinent *Selbsterkenntnis* zu bieten hat, hält meiner Überzeugung nach einer genauen Überprüfung stand. Manches ist schlicht Augenwischerei, moderner Hokuspokus, manchmal im Gewand einer angeblich jahrtausendealten Wahrheitslehre. Andere Angebote kommen unserem Hang zur Bequemlichkeit entgegen. Es soll schnell gehen. Es soll leicht sein. Instant-Selbsterkenntnis aber gibt es nicht. Selbsterkenntnis zu erlangen erfordert eigene Anstrengungen.

Die Wissenschaft hat uns in den vergangenen Jahrzehnten eine Fülle von Erkenntnissen beschert über wirksame, unwirksame und auch über schädliche Versuche, zur Selbsterkenntnis zu gelangen. Diese Erkenntnisse will ich im Folgenden für Sie nutzbar machen. Sie sollen erfahren, welche Vorgehensweisen erfolgversprechend sind und welche nicht. Sie sollen erfahren, wie es Ihnen gelingen kann, auf dem großen Kontinent *Selbsterkenntnis* neue Wege zu erkunden. Wege, von denen Sie bislang möglicherweise noch nie gehört haben. Wege, die Sie bereichern und erfreuen sollen. Wege aber auch, die Sie vor Fehlern, vor Fehltritten bewahren sollen.

Folgen Sie mir also zu den sieben Regeln der Selbsterkenntnis. Sie sollen auf diesem wunderbaren Kontinent ein Reiseführer für Sie sein. Beginnen wollen wir unsere Reise weder im sonnenverwöhnten Florida noch im legendären San Francisco. Unsere Reise beginnt vielmehr in der Mitte, in Chicago.

Erste Regel: Nachdenken hilft nicht

Anfang der 1970er-Jahre kam der in Ungarn geborene und in Chicago lebende Psychologe Mihaly Csikszentmihalyi (sprich: Tschik Sent Mihaji) auf eine folgenreiche Idee. Er war unzufrieden mit der Fixierung der Psychologie auf die Probleme des Menschen und suchte nach einer Methode, um verlässlichere Informationen über die Glücksmomente im menschlichen Leben zu gewinnen. Zu diesem Zeitpunkt wusste er nicht, dass er in den folgenden Jahrzehnten der bekannteste Glücksforscher der Welt werden würde. Er wusste nicht, dass Bill Clinton seine Bücher lesen und loben würde. Und ebenso wenig wusste er, dass er im Laufe seiner Forschungsarbeit einmal einen wesentlichen Beitrag zu der Frage leisten würde, ob Nachdenken für den Menschen hilfreich ist oder nicht.

Professor Csikszentmihalyi arbeitet also in den 70er-Jahren an der University of Chicago und befragt dort Tänzer, Bergsteiger, Basketball- und Schachspieler. Er will herausfinden, was diese Tätigkeiten so attraktiv und lohnend macht. Die Daten, die sich durch Interviews und Fragebögen erheben lassen, befriedigen ihn aber nicht. Was soll auch dabei herauskommen, wenn Menschen Tage, Wochen oder Monate nach einem Ereignis in einem Fragebogen oder gar nur in einem kurzen Telefoninterview über ihre Gefühle und Gedanken bei dem jeweiligen Ereignis Auskunft geben?

Mihaly Csikszentmihalyi hat nun folgende Idee: Er stattet die Teilnehmer seiner Untersuchung mit kleinen elektronischen Geräten aus, die in unregelmäßigen Abständen, verteilt über den Tag, durch ihr Piepen mitteilen, dass sie über ihre augenblickliche Befindlichkeit Auskunft geben sollen. Hierzu haben sie ein Notizbuch dabei, in das sie zahlreiche Informationen eintragen: Was machen sie gerade? Wie glücklich, wie zufrieden sind sie dabei? Wie konzentriert sind sie, wie motiviert? Für die Angaben zu ihrer Befindlichkeit nutzten die Versuchsteilnehmer Skalen, zum Beispiel von 1 bis 10, wobei eine 1 für „sehr unmotiviert" steht und eine 10 für „sehr motiviert".

Professor Csikszentmihalyi entdeckt auf diese Weise, dass die glücklichsten Momente im Tagesverlauf seiner Teilnehmer dann eintreten, wenn sie vor sehr hohe Anforderungen gestellt sind, die sie mit ebenso hohen Fähigkeiten bewältigen können. Diese Momente nennt er *Flow*, weil seine Teilnehmer oft berichten, dass sie in solchen Augenblicken die Zeit vergessen und ganz und gar in ihrer Tätigkeit aufgehen. Solche Momente starker Zufriedenheit treten bei den meisten Menschen häufiger bei der Arbeit als danach, in der Freizeit, auf.

Mihaly Csikszentmihalyi hat es mit seinen Forschungen im Laufe der Zeit zu einer sehr umfangreichen Datensammlung gebracht. Er weiß, wie viele Stunden in der Woche Menschen mit Freunden verbringen oder mit Essen, wie lange sie vor dem Fernseher sitzen, sich im Badezimmer aufhalten oder bei der Arbeit Löcher in die Luft starren. Und er weiß auch, wie gut oder schlecht sie sich bei all diesen Tätigkeiten fühlen.

Was passiert hinter der Zimmertür?

Mit Hilfe seiner Untersuchungen gelingt es Csikszentmihalyi am Ende sogar, eines der wirklich großen Rätsel der Menschheit zu lüften. Es ist ein Rätsel, das Eltern pubertierender Kinder in Industriestaaten rund um den Globus beschäftigt. Es lautet: „Was passiert eigentlich hinter der Zimmertür?" Immer wieder erleben Eltern, dass ihre Teenager in ausgesprochen guter Laune in ihr Zimmer gehen, die Tür hinter sich schließen, um 15 oder 20 Minuten später mit verschleiertem Blick und in grottenschlechter Stimmung wieder herauszukommen. Was ist in der kurzen Zeit nur vorgefallen? Hat eine Hexe ihren Weg gekreuzt? Sind sie von einem unbekannten, intergalaktischen Wesen beschimpft oder gedemütigt worden?

Nein, alles falsch. Die Antwort ist erschreckend und einfach zugleich: Die Jugendlichen haben über sich und ihr Leben nachgedacht. Csikszentmihalyi fand durch seine Forschungen heraus, dass über sich selbst nachzudenken einer der effektivsten Wege ist, um die Stimmung von Jugendlichen von euphorisch bis auf abgrundschlecht sinken zu lassen.

Nun ist das Teenagerdasein an sich schon eine sehr schwierige Lebensform, und allein die Hormonschwankungen in dieser Zeit sind geeignet, Eltern wie Kindern das Leben schwer zu machen. Also hat das Nachdenken über das eigene Leben ja vielleicht nur für Teenager so problematische Folgen. Möglicherweise ist es für Erwachsene gar nicht so schädlich, sondern im Gegenteil heilsam und hilfreich. Doch weit gefehlt! Auch bei Erwachsenen fand Professor Csikszentmihalyi beinahe ebenso starke Stimmungsumschwünge. Das fatale Ergebnis auch hier: Besonders schlecht ist die Stimmung vieler Menschen, wenn sie über sich selbst nachdenken.

Warum Nachdenken nicht hilft

Über sich selbst und sein Leben nachzudenken ist sicherlich die am häufigsten praktizierte Methode, um zu Selbsterkenntnis zu gelangen oder um Probleme und Schwierigkeiten zu lösen, die das Leben so mit sich bringt. Gleichzeitig ist es aber auch die ineffektivste, ja sogar gefährlichste. Warum ist das so? Warum sinkt die Stimmung von Menschen, wenn sie im stillen Kämmerlein über sich, ihr Leben und ihre Schwierigkeiten nachdenken?

Erstens Den meisten Menschen fehlt schlicht die Übung darin, konstruktiv und lösungsorientiert über sich selbst nachzudenken. Also richten sie beim Nachdenken den Blick auf ihre Fehler – oder vermeintliche Fehler –, auf die Niederlagen, die sie erlitten haben und auf ihre Schwächen. Das Gehirn eilt von Fehler zu Fehler und von Niederlage zu

Niederlage. Wer das oft macht, hat bald sehr viel Übung im negativen Nachdenken und verfällt automatisch in dieses Verhaltensmuster.

Wer anfängt, ein wenig nachzudenken, gerät schnell ins Grübeln. Zu grübeln senkt die Stimmung. Das liegt ebenfalls an der Fixierung auf die eigenen Fehler. Und je schlechter die Stimmung eines Menschen ist, umso unwahrscheinlicher ist es, dass er zu konstruktiven Lösungen kommt.

Zweitens Es gibt einen engen Zusammenhang zwischen Alleinsein und Grübeln. Wer allein ist, ist anfällig für pessimistische Gefühle und Gedanken. Und keiner ist da, der ihm sagt: „Nun mach aber mal einen Punkt! So schlecht bist du nun wirklich nicht!" Ein wohlwollender Freund oder eine vertraute Freundin kann den Spuk der Selbstzerknirschung oft sehr schnell beenden.

Drittens Viele Menschen erlauben ihren Gedanken, ungeordnet zu kreisen. Kaum haben sie sich an eine Lebensniederlage erinnert, da springt ihre Erinnerung bereits zum nächsten Misserfolg. Auch zu solchen, an denen sie schon lange nichts mehr ändern können, weil sie Jahre oder Jahrzehnte zurück liegen. Am Ende geben sie frustriert auf, weil die Resultate ihres Nachdenkens zu niederschmetternd sind.

Viertens Ein weiterer Nachteil von Kreisgedanken: Menschen bewegen auf diese Weise immer aufs Neue die Informationen über sich und ihr Leben, über die sie bereits verfügen. Kein Wunder, dass auf diese Weise keine Selbsterkenntnis und keine Lösungen zustande kommen. Wirklich hilfreich wären dagegen *neue Informationen*.

Sagen Sie Stopp!

Alleine über sich selbst nachzudenken ist also, kurz gesprochen, eines der frustrierendsten Erlebnisse im menschlichen Leben. Das ist zum Glück nicht nur Professor Csikszentmihalyi aufgefallen, sondern auch anderen Psychologen und natürlich vor allem den Psychotherapeutinnen und Psychotherapeuten, die die niederschmetternden Resultate des Über-sich-selbst-Nachdenkens Tag für Tag in ihren Praxen erleben und die davon Betroffenen wieder aufbauen müssen.

Da Aufwand und Ertrag in einem auffallenden Missverhältnis zueinander stehen, geben sie alle im Grunde nur immer den gleichen Rat: „Lassen Sie es bitte sein!" Unterbrechen Sie Grübeleien und Kreisgedanken, bei denen Ihr Selbstwertgefühl am Ende kleiner und kleiner wird. Wie? Sagen Sie zu sich selber Stopp. Beenden Sie dadurch die Spirale nach unten. Lenken Sie sich ab. Gehen Sie joggen – das bringt Sie auf andere, positivere Gedanken. Lesen Sie ein gutes Buch – das verschafft Ihnen möglicherweise die eine oder andere hilfreiche Einsicht in Ihr eigenes Leben. Backen Sie einen Kuchen oder graben Sie den Garten um – schon alleine etwas zu tun, versetzt Menschen in eine bessere Stimmung und verschafft ihnen außerdem das angenehme Gefühl, das mit einem sichtbaren Erfolg wie einem leckeren Kuchen oder einem frisch umgegrabenen Garten einhergeht. Rufen Sie einen Freund oder eine Freundin an – das muntert Sie auf. Aber unterlassen Sie es, über sich und Ihr Leben einfach so einmal nachzudenken.

Zweite Regel: Gespräche mit Freunden helfen nicht

Austin, Texas – die zweite Station unserer Reise. Hier arbeitet der Sozialpsychologe Samuel Gosling am Department of Psychology der University of Texas. Eines seiner Forschungsvorhaben ermöglicht uns eine interessante Antwort auf die Frage: Wenn ich etwas über mich selbst in Erfahrung bringen will, ist es da nicht die beste Lösung, wenn ich meine Freunde frage, wie die mich sehen? Diese Ansicht ist nahe liegend und weit verbreitet. Doch stimmt sie auch? Samuel Gosling jedenfalls würde Ihnen von diesem Vorgehen nicht direkt abraten, Ihnen aber doch etwas ganz anderes vorschlagen: Laden Sie einen wildfremden Menschen in Ihre Wohnung ein, bitten Sie ihn, sich 30 Minuten lang gründlich umzusehen, und fragen Sie ihn dann, was er über Sie und Ihr Leben denkt.

Für diesen Rat hat Gosling ganz plausible Gründe, und die haben mit einem seiner spannenden Forschungsprojekte zu tun. Dafür machte Gosling mit 80 Studenten zunächst einen anerkannten Persönlichkeitstest. Danach sollten ihre Freunde die Studenten ebenfalls einschätzen. Am Schluss wurden noch völlig Fremde gebeten, das Gleiche zu tun. Diese Fremden durften allerdings nur die Wohnheimzimmer der Versuchspersonen betreten und sich dort eine halbe Stunde umschauen. Das war's.

Wer konnte die 80 Studenten besser einschätzen? Waren es die Freunde? Oder etwa die Fremden? Erstaunlich, aber wahr: Es waren die Fremden. Natürlich lagen die Freunde bei ihren Einschätzungen nicht völlig daneben. Immerhin kannten sie die Menschen, die sie beurteilen sollten, zum

Teil seit vielen Jahren. Doch die Fremden lagen in ihren Einschätzungen am Ende doch um mehr als nur eine Nasenlänge vorn. Ihre Einschätzungen, gebildet nur aufgrund der Einrichtung eines Wohnheimzimmers, waren in der Mehrzahl der Fälle zutreffender.

Wie kann es sein, dass wildfremde Menschen besser in der Lage sind, eine Person in ihrem Charakter einzuschätzen, als ihre Freunde oder guten Bekannten? Um dieses Phänomen zu verstehen, ist es hilfreich, sich klarzumachen, was eine Freundschaft in ihrem Kern ausmacht – und was nicht. Dann sehen wir auch genauer, warum Selbsterkenntnis durch Gespräche mit Freunden nicht oder nur sehr begrenzt zu erreichen ist.

Freunde nehmen Anteil an unserem Leben. Sie sind für uns da, wenn die Wellen über uns zusammenzuschlagen drohen. Schwierigkeiten mit sich alleine auszumachen, das ist nicht nur schwer, in manchen Fällen ist es sogar gefährlich. Wir brauchen den Rückhalt, den Freunde uns geben. Gespräche mit Freunden helfen uns, wenn wir Sorgen haben.

Freundschaften dienen vor allem dem Gefühlsaustausch. Wir analysieren Freunde nicht systematisch nach ihren Charaktereigenschaften. Warum auch! Freundschaften basieren eben nicht auf dem Prinzip, den anderen genau zu verstehen. Freunde fühlen sich – nach den Gesetzen der Sympathie – zu uns hingezogen aufgrund der Ähnlichkeiten, die sie mit uns feststellen. Ähnlichkeiten und Übereinstimmungen in wichtigen Lebensfragen, in Charaktereigenschaften oder in den Interessen bilden die Basis für diese Sympathie.

Die Unterschiede nehmen Freunde zwar manchmal auch wahr, sie können sie sich allerdings oft nicht erklären.

Freunde sehen uns nicht realistisch. Das können sie auch gar nicht. Freunde sagen gemeinhin, was sie selber denken. Sie gehen davon aus, dass uns die gleichen Dinge helfen wie ihnen. Deshalb geben sie uns Ratschläge, die zu ihnen passen. Das uns diese Ratschläge nicht helfen – weil wir anders sind, andere Probleme haben und andere Lösungen brauchen –, erkennen Freunde nur in seltenen Fällen.

Der fremde Blick

Was Freunden fehlt, ist der fremde Blick. Ein Blick, ungetrübt von eigenen Interessen, Vorstellungen und Herangehensweisen. Freundschaften haben deshalb ihre Grenzen. Wenn Sie großes Glück haben, dann ist unter Ihren Freunden der ein oder andere, der Sie wirklich gut kennt. Jemand, der in der Lage ist, über den Tellerrand seines eigenen Charakters hinauszuschauen. Jemand, der weiß, dass Sie anders sind als er. Jemand, der die Lücken in Ihrem Charakter kennt und die geheimen Leichen in Ihrem Keller. Wenn es so ist: Glückwunsch!

Die allermeisten Menschen haben solche Freundschaften nicht. Die allermeisten Menschen sind auch selber als Freund nicht zu diesem fremden Blick auf den anderen in der Lage. Und deshalb sind Freundschaften beim Prozess der Selbsterkenntnis auch keine große Hilfe.

Als Berater erlebe ich Tag für Tag, wie wichtig der fremde Blick für die Selbsterkenntnis und die Persönlichkeit von

Menschen ist. Ein Berater, ein Coach oder ein Therapeut hat weniger Eigeninteressen. Sie alle sind nicht auf Ihre Freundschaft und Zuneigung angewiesen.

Dritte Regel: Nutzen Sie den fremden Blick

Ich habe diese beiden Ausflüge in die Welt der Wissenschaft nicht allein deshalb gemacht, um Sie davor zu bewahren, allzu viel von Ihnen Freunden zu erwarten. Ich habe sie auch nicht nur deshalb gemacht, um Sie davon abzuhalten, Ihre Zeit mit Nachdenken über sich selbst zu verschwenden, über Ihre angeblich oder tatsächlich verkorkste Vergangenheit, über Ihre letzte Niederlage bei der Partnersuche oder die Probleme in Ihrer letzten Beziehung – obwohl allein das für viele Menschen schon eine große Hilfe ist. Nein, diese Forschungen lassen sich auch positiv für unser Anliegen, für die Selbsterkenntnis, nutzen. Wer Selbsterkenntnis will, braucht *neue Informationen über sein Leben* oder zumindest eine neue Sicht auf sein Leben. Und genau dazu kann Professor Csikszentmihalyis Untersuchungsmethode uns verhelfen. Ich werde Ihnen hierzu ein vereinfachtes Verfahren seiner Vorgehensweisen vorstellen, das Sie selbst durchführen können. Es ist das *Stimmungsbarometer.*

Mit dem Stimmungsbarometer können Sie einen spannenden, einen fremden Blick durch das wissenschaftliche Fernrohr auf Ihr Leben werfen. Das Stimmungsbarometer zeigt, was genau Sie Tag für Tag tun, und misst, wie Sie sich dabei fühlen. Sie können auf diese Weise zunächst einmal erkennen, womit Sie Ihre Zeit verbringen. Es ist nicht einerlei, welchen Dingen wir unsere Zeit und unsere Aufmerksamkeit widmen. Zeit und Aufmerksamkeit – seelische Energie – sind die beiden wertvollsten Güter, über die wir verfügen. Sie sind in unserem Leben eine knappe Ressource. Über ihren Einsatz sollten wir alle bewusst entscheiden.

Sie können mit Hilfe des Stimmungsbarometers auch erkennen, wie gut es Ihnen bei den verschiedenen Tätigkeiten ergeht, die Ihre Tage ausfüllen. Auch das sind spannende Informationen. Eines will ich gleich vorausschicken: Mich interessieren die Höhepunkte Ihres Lebens mehr als die Augenblicke, in denen Sie unausgeglichen oder niedergeschlagen sind. Die positiven Momente unseres Lebens sind oft der bessere Ansatzpunkt für die Selbsterkenntnis und für mögliche Veränderungen.

Was Sie brauchen: Sie brauchen für das Stimmungsbarometer ein Notizbuch und eine elektronische Uhr – und zwei Wochen gewissenhafter Mitarbeit. In dieser Zeit soll die Uhr Sie in unregelmäßigen Abständen, ungefähr alle zwei Stunden, daran erinnern, dass Sie Ihr persönliches Stimmungsbarometer ablesen müssen. Sie machen es also in etwa so wie Professor Csikszentmihalyis Untersuchungspersonen.

Wie Sie vorgehen: Erinnert Sie Ihre Uhr, dass Sie Ihre derzeitige Stimmungslage bestimmen sollen, dann sorgen Sie bitte zunächst einmal dafür, dass Sie einige Minuten Zeit haben, um sich auf diese Übung zu konzentrieren. Wenn Sie bei der Arbeit sind und sich beobachtet fühlen, dann verschwinden Sie doch einfach für ein paar Minuten auf die Toilette. Dann schreiben Sie auf, was Sie gerade tun und wie es Ihnen dabei geht. Ich schlage vor, Sie füllen jedes Mal folgende drei Rubriken aus: Was mache ich gerade? Mit wem bin ich zusammen? Wie fühle ich mich dabei?

Die dritte Frage ist eine Zusammenfassung der vielen Einzelfragen nach Motivation, Konzentration, Glück und Flow, die Csikszentmihalyi verwendet. Sie können hierbei wiederum einige Worte zu Ihrer Stimmung aufschreiben (traurig, wütend, lustig, angespannt …). Verwenden Sie außerdem auch die Skala von 1 bis 10, wobei eine 1 „sehr schlecht" bedeutet und eine 10 „sehr gut". Malen Sie sich ein solches Stimmungsbarometer auf oder kopieren Sie sich die Vorlage auf den folgenden Seiten.

Wir können es jetzt einmal ausprobieren, damit Sie in Übung kommen: Sie füllen die drei Rubriken aus und am Ende die Skala. Wo auf der Skala zwischen 1 und 10 befinden Sie sich gerade? Sie brauchen sich bei der Antwort auf diese Frage nicht auf ganze Zahlen zu beschränken. Sie können auch halbe Werte nutzen. Machen Sie einen Pfeil, der auf die entsprechende Stelle zeigt, so wie Sie es hier unten sehen. Ich habe dort meine eigene Stimmung eingetragen, jetzt gerade, während ich an diesem Buch schreibe. Ich schreibe wirklich leidenschaftlich gerne. Wundern Sie sich also nicht über den hohen Wert. Er liegt bei 8,5.

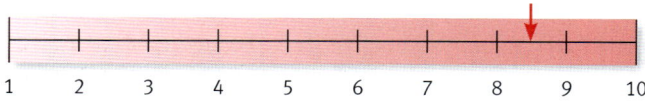

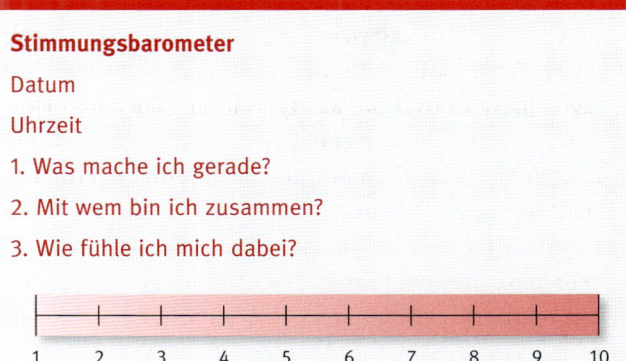

Stimmungsbarometer

Datum

Uhrzeit

1. Was mache ich gerade?

2. Mit wem bin ich zusammen?

3. Wie fühle ich mich dabei?

1 2 3 4 5 6 7 8 9 10

Wie Sie den Test auswerten: Zunächst einmal rechnen Sie bitte den Durchschnitt der gesamten zwei Wochen aus. Sie addieren also alle Stimmungswerte und teilen die Zahl, die dabei herauskommt, durch die Anzahl der ermittelten Stimmungswerte. Sie wissen nun, wie Sie sich im Durchschnitt in den vergangenen zwei Wochen gefühlt haben.

Nun schauen Sie sich die auffälligen Abweichungen an. An welchen Stellen Ihres Tagesverlaufs steigt das Stimmungsbarometer über den Durchschnitt an? Und an welchen Stellen sinkt es deutlich unter den Durchschnitt? Machen Sie diese Auswertung bitte schriftlich. Fertigen Sie also zwei Listen an. Tragen Sie sie in Ihr Notizbuch ein. Auf der ersten Liste notieren Sie sich die positiven Abweichungen. Eine richtige Hitliste also. Auf Platz eins steht das, was den höchsten Stimmungswert erzielt hat. Zum Beispiel der erfolgreiche Abschluss eines neuen Kundenvertrages. Oder

der Nachmittag im Squash-Center. Oder das Gespräch mit einer Freundin oder einem Freund. Schreiben Sie zehn bis fünfzehn Punkte auf, dann haben Sie einen guten Eindruck, was Ihnen besonders gut tut.

Jetzt folgt die Negativliste. Bei welchen Tätigkeiten war Ihre Stimmung am schlechtesten? „Hitliste" wäre hierfür nicht das richtige Wort. „Die unangenehmsten Erlebnisse der vergangenen zwei Wochen" trifft wohl eher zu.

Was Sie aus diesem Test lernen können: Schauen Sie bitte zunächst auf das Positive. Die Ausschläge nach oben geben uns einen wichtigen Hinweis auf unser Selbst. Was mache ich bei der Arbeit besonders gerne? Welche Fähigkeiten bei der Arbeit tragen ganz besonders zu meiner Zufriedenheit bei? Und auf der anderen Seite das Privatleben: Wo fühle ich mich am besten? Diese Liste beantwortet Ihnen die Frage: Was können Sie besonders gut? Was sind Ihre Stärken?

Hängen Sie sich diese Hitliste bitte an den Kühlschrank oder innen an die Wohnungstür. Schauen Sie dann jeden Tag mehrfach darauf. Diese Liste ist ein wichtiger Spiegel Ihres derzeitigen Lebens. Sie enthält auch überaus wertvolle Informationen, die Sie für die Frage Wer passt zu mir? gut gebrauchen können. Seine Stärken zu kennen ist für die Suche nach einem passenden Partner außerordentlich wichtig – aber davon später mehr.

Diese Liste enthält schließlich auch eine Aufforderung. Sie lautet: Mehr davon! Was helfen uns alle Erkenntnisse dieser Welt, wenn wir sie nicht nutzen, um unser Leben besser zu gestalten, wenn wir nicht versuchen, glücklicher und zufriedener zu werden! Überlegen Sie also, wie Sie es schaffen können, in Zukunft öfter bei solch hohen Stimmungswerten zu verweilen.

Weniger davon!

Zur Negativliste: Nicht alle Stimmungsschwankungen im menschlichen Leben können verhindert werden. Manche aber schon. Die Frage lautet also: Was können Sie tun, damit es in Ihrem Leben seltener zu Stimmungsabschwüngen kommt? Auf diese wichtige Frage gibt Ihnen Ihre Negativliste möglicherweise eine Antwort. Die Lebensqualität eines Menschen, sein Glück, hängt entscheidend davon ab, dass er an jedem Tag aufs Neue das Richtige tut und das Falsche unterlässt. Diese Grundregel des menschlichen Lebens hat Mihaly Csikszentmihalyi in Jahrzehnten der Forschung ein ums andere Mal nachweisen können.

Das Falsche unterlassen – was bedeutet das konkret? Oft sind wir beileibe nicht mit den Dingen beschäftigt, die uns wirklich gut tun. Wir gehen zum Geburtstagskaffee von Tante Erna, weil sich das so gehört. Wir verzichten auf die schönere Wohnung, weil eine weniger schöne es ja auch tut. Wir telefonieren Tag für Tag mit einer Freundin, die immer wieder aufs Neue die Welt für ihr schweres Schicksal anklagt, und verzichten darauf, der Freundin eine klare Grenze für ihr Wehklagen zu setzen, weil wir glauben, so etwas sei zu egoistisch. Wir gehen wieder einmal nicht joggen, obwohl wir wissen, wie gut wir uns danach fühlen.

Viele Menschen folgen in ihren Entscheidungen einem fremden Kompass. Dieser Kompass zeigt in alle möglichen Richtungen, nur nicht dahin, wohin sie selber wollen. Möglicherweise sind es die Normen, die Werte und die charakterlichen Eigenschaften, die sie aus ihrem Elternhaus mitgebracht haben, die in ihrem Leben die Richtung vorgeben. Vielleicht tun sie aber auch einfach das, was alle anderen in ihrer Umgebung machen und achten dabei nicht darauf, was ihre eigenen Wünsche und Bedürfnisse sind. Oder die Bequemlichkeit siegt ein ums andere Mal über den Wunsch, das Richtige zu tun.

Was auch immer es ist, das bei Ihnen starke Stimmungsveränderungen nach unten auslöst – suchen Sie nach Wegen, das Falsche zu unterlassen. Überlegen Sie sich Veränderungen in Bezug auf die Negativliste. Das Motto heißt: Weniger davon. Suchen Sie sich einen einzigen Punkt heraus, den Sie gerne verändern wollen. Das reicht vollkommen aus. Weitere können Sie sich ja zu einem späteren Zeitpunkt vornehmen.

Das Motto, dem unser Leben folgen sollte, lautet ebenso wie der Titel eines Buches von Professor Csikszentmihalyi: *Lebe gut!* Das ist letztendlich auch das Ziel unseres Aufenthalts auf dem Kontinent *Selbsterkenntnis*: Ein besseres, ein freieres Leben. Freier von verinnerlichten Ge- und Verboten. Freier von Lebensregeln, die nicht wirklich zu uns passen oder uns in unserer Selbstentfaltung behindern. Freier, das zu tun, was uns wirklich gut tut und unsere Entwicklung fördert.

Auf nach San Francisco!

„Chicago ist eine wirklich interessante Stadt, und auch Austin ist ganz ohne Zweifel eine Reise wert. Aber das sind nicht gerade die touristischen Glanzpunkte unseres Kontinents", sagt der Pressesprecher von *Selbsterkenntnis*. Er wirkt ein wenig eingeschnappt wegen unserer ungewöhnlichen Reiseroute. Wo er recht hat, hat er recht. Keine Reise zum Kontinent der unbegrenzten Möglichkeiten kommt ohne touristische Highlights aus. Beugen wir uns also der Konvention und fahren wir nach San Francisco. Ich verspreche Ihnen, dass unser Anliegen, die Selbsterkenntnis, dabei nicht zu kurz kommen wird.

Vierte Regel: Wissen hilft – ist aber nur von begrenztem Nutzen

Die Golden Gate Bridge ist eine der bekanntesten Brücken der Welt und eines der imposantesten Bauwerke, das Menschen je errichtet haben. Hier beginnt die vierte Station auf unserer Reise über den Kontinent *Selbsterkenntnis*. „Das ist eine kluge Entscheidung", sagt der Pressesprecher. Er strahlt. „Aber schauen Sie sich die Brücke nicht nur einfach an", rät er noch. „Fahren Sie doch darüber." Gute Idee. Machen wir. Wenn wir uns also in San Francisco ein Auto mieten, um auf dem Highway 101 über die legendäre, orangerot leuchtende Brücke zu fahren, wenn wir uns anschließend im gemütlichen Tempo amerikanischer Autobahnen weiter in Richtung Süden treiben lassen, dann kommen wir nach 39 Meilen und einer guten Stunde Fahrzeit nach Palo Alto. Palo Alto ist in der Welt des Wissens nicht irgendein Ort. Palo Alto bietet uns einige der bekanntesten Ideen und imposantesten gedanklichen Bauwerke, die Menschen bislang gedacht haben. Hier, im sanften Klima des küstennahen Kaliforniens, zwischen hochgewachsenen Palmen und Koniferenwäldern, liegt die berühmte Stanford University. Hier befindet sich außerdem das Mental Research Institute, eines der einflussreichsten psychologischen Institute weltweit, dem die Psychologie zahlreiche bahnbrechende Anstöße verdankt. Hier legte Virginia Satir die Grundsteine für eine neue Sicht auf menschliche Probleme, als sie die Familientherapie begründete. Hier lehrte und forschte der weltbekannte Kommunikationswissenschaftler Paul Watzlawick, der den Bestseller *Anleitung zum Unglücklichsein* schrieb. Hier in Palo Alto lebt außerdem der nicht minder berühmte Therapeut und Buchautor Irvin D. Yalom.

Yalom hat am Mental Research Institute mitgearbeitet, er ist emeritierter Professor der Stanford University und hat außerdem einige Romane geschrieben mit Titeln wie *Die rote Couch* und *Und Nietzsche weinte*. In seinen Romanen breitet Yalom sein profundes Wissen über die Möglichkeiten und Grenzen der menschlichen Selbsterkenntnis aus.

Wissen macht glücklich, sagt die Forschung. Das alleine ist schon Grund genug für mich, Ihnen Bücher als einen Weg zur Selbsterkenntnis ans Herz zu legen. Die Welt des Wissens steht uns allen offen. Der Schlüssel zu dieser Welt sind Bücher. Sie machen uns das Wissen unserer Welt zugänglich. Das aktuelle Wissen unserer Zeit. Das Wissen anderer Kulturen. Das Wissen vergangener Jahrzehnte und Jahrhunderte. Ein Buch zu lesen ist ein langer Dialog mit einem Autor. Psychologische Bücher und auch Romane können uns deshalb ungeheuer bereichern. Nutzen Sie diese Chance zur Selbsterkenntnis. Nutzen Sie die großen Möglichkeiten, die im Lesen von Büchern stecken.

Bücher können uns die Augen öffnen und Erkenntnisse über unser Leben verschaffen. Warum? Weil Bücher unserem Denken eine sinnvolle Struktur geben. Sie versorgen uns mit Theorien, wie sich unsere Probleme in dieser Welt und die Schwierigkeiten anderer Menschen verstehen, klären und lösen lassen. Theorien sind wie Regale, die mit dem Inhalt unserer Erfahrungen gefüllt werden können und die ihnen Ordnung und damit Halt geben.

Bücher verändern unser Leben

Auch das Wissen über unsere eigene Persönlichkeit können wir durch Lesen vergrößern. Wir erwerben mehr Kenntnis über den menschlichen Charakter. Das lässt uns nicht unberührt und unverändert. Bücher haben das Potenzial, unseren Blick auf das Leben zu verändern. Sie können uns neue Wege zeigen. Das ist auch Irvin D. Yalom so ergangen. Wie viele herausragende Meister seines Faches ist auch er selbst ein ausgesprochener Liebhaber von Büchern. Von Büchern, die ihn mit Menschen und deren Gedanken in Kontakt treten ließen, die er nie kennenlernen sollte, zum Teil auch gar nicht mehr kennenlernen konnte.

„Als ich als junger Psychotherapie-Student noch meinen Weg suchte, war das Buch, aus dessen Lektüre ich den größten Gewinn zog, Karen Horneys *Neurose und menschliches Wachstum*", berichtet Yalom in seinem Buch *Der Panama-Hut*. „Das für mich nützlichste Konzept in diesem Buch war die Vorstellung, dass der Mensch einen angeborenen Hang zur Selbstverwirklichung hat. Wenn die Hindernisse beiseite geräumt werden, so glaubte Horney, wächst das Individuum zu einem reifen, voll entwickelten Erwachsenen heran, wie eine Eichel zu einer Eiche heranwächst. *Wie eine Eichel zu einer Eiche heranwächst* – was für ein wunderbar befreiendes und erhellendes Bild. Es veränderte meinen psychotherapeutischen Ansatz für alle Zeiten."

Haben Sie nach diesen Zeilen auch Lust bekommen, es einmal mit Karen Horneys Werk *Neurose und menschliches Wachstum* zu versuchen? Nur zu. Heute können Sie es in jeder Buchhandlung bestellen. Das war nicht immer so. Karen Horney war eine der ersten großen Frauen der Psychoanalyse. Und doch kennt sie hier in ihrer Heimat – anders als in den USA – kaum jemand, da sie in der Zeit des Nationalsozialismus Deutschland verlassen musste und in Amerika eine zweite Heimat fand. Als der junge Yalom Horneys Buch in den 50er-Jahren las, war die Autorin bereits tot. Ihr Buch aber wirkte fort. Es sollte noch weitere 25 Jahre dauern, bis es auch in Horneys Heimat Deutschland gedruckt wurde.

Bücher machen uns das Wissen dieser Welt zugänglich. Das aktuelle Wissen unserer Zeit. Das Wissen anderer Kulturen. Das Wissen vergangener Jahrzehnte und Jahrhunderte. Und manchmal sogar das unbekannte Wissen unserer eigenen Gesellschaft.

Die Grenzen des Lesens

Leider folgt auf diesen flammenden Appell für das Lesen und für die Chancen, die es uns für die Persönlichkeitsentfaltung bietet, ein „Aber". Es ist nur ein kleines „Aber", das Sie keinesfalls vom Lesen abhalten soll. Doch es ist ein sehr wichtiges „Aber", das die Grenzen dieser Strategie aufzeigt:

Manchen Menschen gelingt es einfach nicht, aus Büchern zu lernen.

Ein Beispiel: Wer unter einem geringen Selbstwertgefühl leidet, der findet in psychologischen Ratgebern allzu oft nur bestätigt, dass er alles falsch macht. Er sieht geradezu zwanghaft das, was er sehen will. Sein Weltbild wird ein ums andere Mal bestätigt. Und ist es negativ, dann neigt er eben dazu, aus dem Gelesenen negative Schlüsse über sich selbst zu ziehen. „Ich wusste doch, dass ich mich nicht richtig durchsetzen kann! Nun habe ich es schwarz auf weiß: Aus mir wird wohl nie etwas."

Oder aber er greift zu Büchern, die das positive Denken predigen und behaupten, es sei ganz einfach, selbstbewusster zu werden – und wundert sich dann, dass das alles bei ihm nicht funktioniert. „Alle anderen schaffen es, nur ich nicht." Warum fällt es manchen Menschen so schwer, aus Büchern zu lernen? Es liegt an der *Brille*, mit der jeder von uns auf das Leben schaut und die seinen Blick lenkt und prägt. Eine solche Brille zu haben ist nun beileibe keine Eigenschaft von Menschen mit geringem Selbstwertgefühl. Philosophie und Psychologie sind sich einig: Jeder von uns blickt mit der ihm eigenen Weltsicht ins Leben hinaus. Und wer mit einer sehr hartnäckig pessimistischen Sichtweise ausgerüstet ist, der kann aus Büchern manchmal eben nur sehr wenig lernen. Bücher können unseren Blick auf das Leben zwar in Frage stellen, können uns Anstöße für neue Sichtweisen geben. Ändern aber lassen sich fest verankerte Sichtweisen oft nur durch Experten: Durch Berater und durch Therapeuten.

Hallo, Anna-Marie!

Trotz dieser Einschränkungen gilt: Auf dem Weg zur Selbsterkenntnis sind Bücher für viele Menschen eine wertvolle Anregung. Sie leiten sie auf neue Wege. Sie bestärken sie in ihren Entschlüssen. Sie eröffnen ihnen neue Perspektiven.

Sie müssen sich bei Ihrer Suche nach geeigneten Dialogpartnern nicht auf die Bücher beschränken, die ich im Anhang für Sie zusammengestellt habe. Machen Sie sich ruhig auch auf eigene Faust auf die Suche: Manche Buchhandlung hat einen eigenen Tisch mit psychologischer Ratgeberliteratur, auf dem Sie stöbern können. Oder Sie finden ein ganzes Regal vor, in dem sich Bücher zu Psychologie und Lebenshilfe befinden. Nicht alles, was dort angeboten wird, muss Ihnen gefallen. Sie können sich die Bücher in aller Ruhe anschauen und auch hineinlesen, bevor Sie sich zum Kauf entscheiden.

Öffentliche Leihbüchereien eignen sich ebenfalls zum Herumstöbern. Dort finden Sie oft auch die besseren Titel, weil Bibliotheken nicht so sehr den diversen Modetrends des Buchmarktes unterworfen sind und auch Bücher vorhalten, die schon ein paar Jahre alt und sehr bewährt sind.

Manch einer findet gleich zwei oder drei Bücher, die ihn ansprechen. So wie die blonde Frau da vorne. Na, sowas! Das ist ja Anna-Marie! „Hallo, Anna-Marie. Was machen Sie denn hier? Schön, Sie wiederzusehen!" Anna-Marie hat ein Buch über Charakterkunde in der Hand und einen Ratgeber zur Partnersuche. „Ich will jetzt unbedingt aktiv auf Partnersuche gehen", sagt sie. Prima Idee! Wir sind gespannt, auf wen sie da treffen wird und welche neuen Antworten sie findet auf die Frage *Wer passt zu mir?* Anna-Marie sagt außerdem noch, dass sie sich selbst besser verstehen will. Sie hält das Buch zur Charakterkunde hoch. „Was bin ich eigentlich für ein Mensch? Wie ist mein Charakter – eine solche Frage habe ich mir ja in der Vergangenheit nie gestellt", sagt sie. „Na dann, viel Glück und viele spannende Erkenntnisse bei der Selbsterforschung, Anna-Marie!"

Fünfte Regel: Vergangenheitserforschung hilft – ist aber nicht alles

Wie bin ich geworden, wer ich bin? Ohne den Blick auf die Vergangenheit zu richten, ist die Antwort auf die Frage *Wer passt zu mir?* nur schwer zu finden. Wer seine Vergangenheit kennt und versteht, kann seine Zukunft besser gestalten. Das ist der tiefere Sinn jeder Auseinandersetzung mit der eigenen Kindheit und Jugend. Das ist auch der tiefere Sinn der Therapie, die Thomas nach seiner Trennung begonnen hat. Es geht nicht darum, herauszufinden, welche Fehler seine Eltern gemacht haben. Es geht auch nicht darum, Vorwürfe zu formulieren oder Entschuldigungen zu finden für die Probleme in seinem Leben. Worum es geht, ist, zu erkennen: Wie bin ich geworden, wer ich bin? Diese entscheidende Frage der Vergangenheitserforschung kann sehr hilfreich sein. Wir verstehen uns besser und sehen genauer, *wie einzigartig wir als Mensch sind.*

Wir leben heute in einer Zeit, in der Menschen sich angeblich immer wieder neu „erfinden". Sie schlüpfen in eine neue Rolle, und wir sind geneigt zu glauben, dass das so umstandslos möglich ist. Der Arbeitsmarkt fordert von uns höchste Flexibilität, und wir bewähren uns immer wieder in anderen beruflichen Rollen. Aber geht das auch im Privatleben? Heute ein Softie, morgen ein Metrosexueller und übermorgen – ja, was kommt dann eigentlich? Können wir unseren Charakter ändern und ein völlig anderer Mensch sein? Eine völlig andere Partnerschaft führen?

Klare Antwort: Nein. Der Charakter eines Menschen ist sehr stabil. Er bildet sich bereits zwischen dem vierten und sechsten Lebensjahr heraus. Er war schon da, als wir mit der Zuckertüte vorm Schultor standen. Er war mit dabei, als wir am Lagerfeuer zu Gitarrenklängen Lieder von Joan Baez sangen. Er hat uns durch die ersten Erfahrungen mit der Liebe begleitet, und auch wenn wir auf die 40, 50 oder 60 zugehen, müssen wir feststellen: Unser Charakter ist immer noch der gleiche.

Leichen im Keller

„Aber was nutzt es denn, den eigenen Charakter zu kennen?", könnten Sie an dieser Stelle fragen. Was nutzt es vor allem, wenn wir erkennen, welche Schwierigkeiten und Probleme wir aus unserer Herkunftsfamilie mit ins Leben geschleppt haben? Je mehr Klarheit wir über unsere Vergangenheit haben, desto besser verstehen wir unser Leben im Hier und Jetzt. Oft besteht unser Leben für uns aus einer Vielzahl von Rätseln. So wie bei Thomas. Er hat so viele Fragen, auf die er die Antwort nicht kennt. Er weiß nicht, warum seine große Liebe Karin eines Tages wutentbrannt ihre Sachen packte und aus der Tür stürmte. Er weiß, dass sie es getan hat. Aber warum es dazu kam, das weiß er nicht. Warum ist auch diese Beziehung wieder in die Brüche gegangen? Warum waren es wiederum ziemlich genau drei Jahre, die sie gehalten hat? Wird er jemals eine dauerhafte Beziehung haben? Wie ist das zu erreichen? Das sind Fragen, die Thomas beschäftigen. Er will Klarheit über sein Leben.

Thomas hat in seinen Stunden mit Frau Dr. Stamm zunächst einmal über Karin und seine Trennung von ihr gesprochen. Dann ging es mehr und mehr um seine Eltern. Um den cholerischen Vater, den er mied. Um die stille Mutter, bei der er Schutz suchte und die doch selbst so schutzbedürftig war. Es ging darum, wie es ihm ergangen ist als Kind zwischen diesen beiden so unterschiedlichen Menschen. Im Grunde war er in allen seinen Beziehungen der Stille gewesen, das sah er jetzt sehr deutlich. Und seine Partnerinnen waren temperamentvoll bis aufbrausend.

Thomas hat seine Vergangenheit ehrlicher erforscht als je zuvor in seinem Leben. Er weiß jetzt genauer, welche Probleme er in eine Beziehung mitbringt. Und das ist sehr viel wert.

Wir alle haben uns schon einmal unverstanden gefühlt, ungerecht behandelt, ignoriert oder gekränkt. Diese Gefühle bringen wir in jede Beziehung mit. „Jeder von uns hat ein paar Leichen im Keller", sage ich in meinen Workshops gerne etwas salopp. Und genau so ist es ja auch. Zu wissen, was wir an uns selbst nicht so gerne wahrnehmen, seine „Leichen" zu kennen, ist wichtig. Es macht uns realistisch in Sachen Liebe. Wir wissen genauer, wer wir sind und wie wir sind. Und wie wir nicht sind.

Die drei Bindungen

Nicht nur unser Charakter ist über die Jahrzehnte hin ungemein stabil. Gleich bleiben über all die Jahre auch die drei wesentlichen Bindungen, die wir aus unserem Elternhaus mit ins Leben nehmen. Die große Nähe in einer Partnerschaft aktiviert in uns die wichtigsten Erfahrungen, die wir in der Kindheit mit Bindungen gemacht haben. Für jeden von uns spielen in der Regel drei verschiedene Bindungen eine zentrale Rolle:

Die Beziehung zur Mutter. Sie ist in aller Regel die engste Verbindung eines Menschen, die ihn und sein Verhalten – vor allem in nahen Beziehungen – sehr stark beeinflusst.

Die Beziehung zum Vater. Diese Bindung ist oft weniger eng, sie hat aber gleichwohl einen großen Einfluss auf das, was ein Mensch aus seiner Herkunftsfamilie mitnimmt. Jungen lernen am Vorbild des Vaters, was es heißt, ein Mann zu sein. Mädchen, die sich mit ihrem Vater identifizieren können, lernen an diesem Vorbild, wie ein zukünftiger Mann sein sollte. Und Mädchen, die sich nicht identifizieren können, lernen am negativen Beispiel des Vaters, wie ein Mann ihrer Überzeugung nach nicht sein sollte.

Die Beziehung der Eltern zueinander. Wie sind sie miteinander umgegangen? Liebevoll und zugewandt? Nörgelig und hämisch? Distanziert? Lachten sie gerne und viel miteinander? Die Beziehung unserer Eltern haben wir aus nächster Nähe erlebt. Wir waren ihr so nah wie später keiner anderen Beziehung mehr. Sie ist deshalb die wichtigste Informationsquelle über die Liebe, die wir haben.

Diese drei Bindungserfahrungen aus unserer Kindheit und Jugend prägen uns und unser Verhalten in einer Partnerschaft. Eine Partnerschaft ist eine so enge Bindung, dass wir gar nicht anders können, als sie auf dem Hintergrund unserer frühen nahen Bindungen zu erleben. Wer das weiß, der hat es leichter, eine Antwort zu finden auf die Frage *Wer passt zu mir?*

In einer Beziehung treffen die drei Bindungserfahrungen eines Mannes und die drei Bindungserfahrungen einer Frau aufeinander. Sie ahnen sicher schon, dass das zu Problemen führen kann.

„Das ist ja schrecklich!", sagt Anna-Marie und blickt auf von ihrem Buch zur Partnersuche, in dem sie gerade liest. „Meine Eltern haben sich nicht gut verstanden, und meine Beziehung zu den beiden war auch schwierig. Dann ist ja wohl klar, dass mir keine Beziehungen gelingen, bei *den* Eltern!"

Halt, stopp! So einfach ist das nicht. Es gibt keinen kausalen Zusammenhang zwischen einer glücklichen Kindheit und einer späteren ebenso glücklichen Partnerschaft. Jede Form von Determinismus gehört in das Reich der Mythologie. Es finden sich Beispiele von Menschen mit drei positiven Bindungen, die als Erwachsene keine stabile Partnerschaft haben. Und es gibt auf der anderen Seite Fälle, in denen alle drei Bindungen schwierig waren, und dennoch leben die Betreffenden als Erwachsene in einer stabilen und glücklichen Beziehung.

Die Grenzen des Menschen

Detroit im Januar des Jahres 1930. Der Nordwind pfeift durch die Straßen der Stadt. Der Wiener Arzt und Tiefenpsychologe Alfred Adler hält an diesem Abend am Teachers College seinen ersten Vortrag hier in Michigan. Die örtliche Zeitung Detroit News hatte vorab ausführlich von seinem dreiwöchigen Vortragsprogramm in der Stadt berichtet. Adler wurde als zweites Kind jüdischer Eltern in Rudolfsheim, einem kleinen Dorf bei Wien, geboren und lebt zu dieser Zeit noch in Österreich, wo er einiges Ansehen genießt. In Amerika aber ist er Ende der 1920er-Jahre bereits eine Berühmtheit, ja einer der bekanntesten Psychologen des Landes.

Alfred Adlers Menschenbild passt gut zur amerikanischen Lebensart. Adler ist stark auf die Zukunft orientiert. Er leugnet nicht, dass der Mensch durch seine Vergangenheit tiefgreifend geprägt wird. Aber das Wesen des Menschen zeigt sich seiner Überzeugung nach nicht nur in seiner Vergangenheit und in dem Leben, das er in der Gegenwart führt, es zeigt sich auch in der Zukunft, die er erstrebt.

Adlers Fragen sind deshalb ganz andere als die der Psychoanalytiker. Adler will wissen: Wo will ein Mensch hin? Was sind seine Ziele? Für Adler ist der Mensch in einer unaufhörlichen Entwicklung begriffen, einer Entwicklung, die er mutig angehen soll. Und so endet Adlers Vortrag an diesem kalten Abend im Januar mit den Worten: „Wir kennen die Grenzen eines Menschen nicht, aber wir sind ganz sicher, dass die meisten Menschen weiter gehen könnten, als sie es tun."

Es kommt darauf an, was man aus seiner Vergangenheit macht

Vergangenheitserforschung ist kein Selbstzweck. Sie kann, ja sie darf nicht alles sein. Es war Alfred Adler, der diese Erkenntnis schon sehr früh in die Psychologie eingebracht hat. Das Wissen um seelische Verletzungen in der Vergangenheit ist für manche Menschen ein herrlich sanftes Ruhekissen. Es kommt aber nicht darauf an, was einer erlebt hat – *es kommt darauf an, was er daraus macht.* Kindheitstraumata führen nicht zwangsläufig zu späteren Lebensproblemen. Manchmal passiert sogar das Gegenteil, und aus einem besonders belasteten Kind wird ein besonders fähiger Erwachsener. Ein Kind, das große Schwierigkeiten hat, kann darauf unterschiedlich reagieren. Es kann verzagen und mutlos werden. Oder es kann sich ganz besonders anstrengen, um das Problem zu bewältigen und bei diesem Sich-Anstrengen eine Menge lernen.

Aus einem Kind mit einem Sehfehler wird dann möglicherweise ein großartiger Maler. Aus dem Legastheniker ein Schriftsteller. Dieses Phänomen war Adler schon sehr früh aufgefallen, in den Anfangsjahren des vorigen Jahrhunderts. Wichtig ist allerdings, ob ein Mensch auch bereit ist, etwas zu tun, um seine Ziele zu erreichen. Der Legastheniker wird Schriftsteller, weil er sich so sehr anstrengen muss bei der Eroberung der Welt der Buchstaben und Wörter. Adler ist also ein Vertreter der Regel *time on task* – es zählt die Zeit, die wir auf eine Lebensaufgabe verwenden. Ob wir uns um Lösungen bemühen – oder eben nicht.

Zu Adlers Zeit ließen sich psychologische Annahmen noch nicht im selben Maße durch wissenschaftliche Forschungen belegen wie heute. Inzwischen ist das möglich. Wir können seine Ansichten an einem Beispiel überprüfen: Nach einer Scheidung reagieren viele Erwachsene regelrecht traumatisiert. Sie müssen erleben, dass sich eine wichtige und als sicher empfundene Bindung auflöst. Das wirft sie aus dem Gleis. Kaum jemandem geht es deshalb direkt nach einer Trennung besser als zuvor.

Langfristig aber zeigt sich ein völlig anderes Bild. Auf lange Sicht ändert sich im Leben der meisten Menschen durch eine Trennung nicht viel. Wir finden sie Jahre später in einer ähnlichen Beziehung und mit ähnlichen Problemen wieder. Nur sehr wenige Menschen bleiben auf lange Sicht so enttäuscht wie unmittelbar nach der Trennung. Bei diesen wenigen kann es sein, dass sie dauerhaft auf die Liebe verzichten. Daneben bleibt noch ein gutes Drittel von Menschen, die keinesfalls weiterleben wie zuvor und auch nicht verzagen: Ihnen geht es einige Jahre nach einer Trennung oder Scheidung sogar besser als zuvor. Es kommt also immer darauf an, was ein Mensch aus einer Trennungserfahrung macht!

Welche Ziele steuern einen Menschen?

Aus diesen Beobachtungen entwickelte Adler einen revolutionären Gedanken: Könnte es sein, dass das „Woher?" des Menschen zwar wichtig ist, dass das „Wohin?" aber ebenso bedeutungsvoll ist, in manchen Fällen vielleicht sogar wichtiger? Welche Ziele treiben einen Menschen an? Welche sind ihm so wichtig, dass er sie unbedingt realisieren will?

Die Zukunft ist nie endgültig festgeschrieben durch das, was uns die Vergangenheit mitgegeben hat. Wir kennen die Grenzen eines Menschen nicht, aber wir sind ganz sicher, dass die meisten Menschen weiter gehen könnten, als sie es tun. Am besten gelingt dieses Weitergehen, von dem Adler spricht, wenn wir unseren Blick immer wieder auf die starken Seiten in unserem Leben richten. Denn da, wo wir etwas gut können, gelingt uns das Vorwärtsschreiten in der Regel am allerbesten.

Sechste Regel: Unsere Stärken zählen – und nicht unsere Schwächen

Barbara steht mit kritischem Blick vor dem Spiegel. Die 38-Jährige ist seit drei Jahren Single und leidet immer wieder unter Anfällen von Unzufriedenheit, ganz besonders an Regentagen. Und heute ist ein besonders trüber Regentag. „Vielleicht sollte ich meine Haare färben lassen?", denkt Barbara. Sie wirft einen genaueren Blick auf ihren Busen. „Zu klein." Dann dreht sie sich ein wenig, um sich von der Seite anzusehen. „Dieser Hintern! Ich habe bestimmt wieder ein Kilo zugenommen!"

„Mach dich doch nicht so klein!", hatte eine Freundin neulich zu Barbara gesagt, als die mal wieder kein gutes Haar an ihrem Aussehen ließ. „Du bist, wie du bist. Der Mann, der dich kriegt, kann froh sein. Und wehe, er ist nicht froh!", hatte sie drohend hinzugefügt.

Doch im Moment kann das Leben Barbara nichts recht machen. Drei Jahre als Single sind mehr als genug, findet sie. Was meint die Freundin nur, weshalb ein Mann froh sein könnte, Barbara als Partnerin zu bekommen? Nein, zu solchen Fragen ist Barbara heute wirklich nicht aufgelegt. Sie schaut aus dem Fenster. Es regnet noch immer. Und zwar in Strömen.

Angebot und Nachfrage

Wer einen Partner, eine Partnerin fürs Leben sucht, begibt sich auf einen Markt, auf dem die Regeln von Angebot und Nachfrage gelten. Klingt das für Ihre Ohren zu nüchtern? Zu wenig romantisch? Glauben Sie mir: Romantik hilft Ihnen bei der Partnersuche genauso wenig weiter wie die Selbstzerknirschung, die wir bei Barbara gesehen haben. Wenn Sie aber wissen, was genau Sie zu bieten haben, dann steigen Ihre Chancen. Dabei hilft Ihnen kein Blick auf Fehler und auf Schwächen. Es nutzt kein Starren auf angebliche oder tatsächliche Handicaps oder gar auf die – natürlich mangelhafte – äußere Attraktivität. Was zählt, sind vielmehr Ihre Stärken.

Und da hat Barbara tatsächlich eine Menge zu bieten. Sie ist sportlich, wandert gerne, sieht gut aus, hat nicht nur eine gute Ausbildung, sondern auch einen guten Beruf. Sie fährt im Sommer gerne zu klassischen Konzerten nach London und im Winter zum Wandern in den Süden. Bei so viel Stärken, da sollte sich doch ein Mann finden, der genau so etwas gesucht hat, oder?

„Das klingt ja ganz so wie bei der Jobsuche", sagt Barbara irritiert. Ja, das stimmt. Auch wer eine neue Arbeit sucht, muss sich über seine Fähigkeiten im Klaren sein, über das, was er besonders gerne macht und das, was er besonders gut kann. Wer weiß, was er zu bieten hat, hat die besseren Chancen bei der Arbeitssuche. Nicht anders ist es bei der Partnersuche. Auch da stört der Blick auf eigene Schwächen ganz erheblich. Denn darauf kommt es überhaupt nicht an. Niemand verliebt sich in Sie, weil Sie *kein* Musikinstrument spielen, weil Sie *ungern* Bücher lesen oder *nie* Sport treiben. Was in der Liebe zählt, sind Ihre Stärken. Testen Sie also Ihren Marktwert. Machen Sie sich klar, was Sie für eine Partnerschaft mitbringen.

Wenn ich bei meinen Vorträgen oder Seminaren nach den Stärken der Menschen frage, herrscht oft zunächst einmal Schweigen. „Meine Stärken, … ja, ich weiß auch nicht", sagen manche Teilnehmer dann. Wenn ich nachhake, bekomme ich oft Antworten zu hören wie: „Ich kann gut zuhören. Ich bin gesprächsfähig. Ich bin einfühlsam. Ich kann um einen Mann, um eine Frau werben." Das sind ohne Frage wichtige Voraussetzungen für eine gute Partnerschaft. Aber mit *Stärken* meine ich etwas anderes. Was zeichnet Ihr Leben auch ohne Partnerschaft schon aus? Was unterscheidet es vom Leben anderer Menschen? Nur selten bekomme ich Antworten wie diese: „Ich liebe die Musik von Bach. Ich mag meinen Beruf sehr. Beim Yoga vergesse ich die Welt um mich herum und bin ganz bei mir. Ich spiele gerne Klarinette. Mein Streuselkuchen ist einfach klasse." Dies sind aber genau jene Stärken, die uns bei der Partnersuche dazu verhelfen, den Menschen zu finden, der wirklich zu uns passt.

Woher kommt diese Zurückhaltung bei der Frage nach eigenen Stärken? Viele Menschen sind es kaum gewohnt, sich und ihr Leben durch die positive Brille zu sehen. „Eigenlob stinkt", sagt der Volksmund – zu Unrecht. Stärken machen einen großen Teil unseres Lebens aus. Sie machen es lebenswert und versorgen uns mit dem lebenswichtigen Treibstoff der Zufriedenheit. Doch instinktiv spüren wir bei der Partnersuche, dass das alles auch eine Schattenseite hat. Stärken machen uns besonders, sie heben uns aus der Masse heraus. An unseren Stärken erkennen wir, dass wir anders sind als die anderen. Sie führen deshalb dazu, dass wir nicht zu jedem beliebigen Gegenüber passen. Wenn Klavierspielen das Wichtigste in Ihrem Leben ist, dem Sie sich voller Leidenschaft widmen, dann passt kein Partner zu Ihnen, der Ihre Leidenschaft für das Klavier nicht verstehen und bewundern kann.

Unsere Stärken zeigen also die Richtung an, in der wir suchen müssen. Sie weisen uns – ganz wie ein Kompass – den richtigen Weg. Aber Stärken erhöhen nicht generell unseren Marktwert, sie verringern ihn sogar in manchen Füllen. Denn für unser persönliches Stärkenprofil kommen nur einige wenige Menschen als Partner in Frage.

Übung „Meine Stärken": Hängt Ihre Hitliste noch bei Ihnen am Kühlschrank, die Liste, die Ihnen Aufschluss darüber gegeben hat, was Sie tagtäglich in Hochstimmung versetzt? Ich hatte Ihnen versprochen, dass wir sie noch einmal brauchen werden. Nun ist es soweit. Werfen Sie doch bitte noch einmal einen genauen Blick darauf. Schon diese Liste enthält deutliche Hinweise auf Ihre Stärken. Machen Sie jetzt bitte eine weitere Liste, eine möglichst lange Liste mit Ihren Stärken. Lassen Sie sich von der Hitliste anregen. Denken Sie aber auch über Ihr gesamtes Leben nach. Vielleicht fallen Ihnen Stärken ein, die in der Hitliste keinen Niederschlag gefunden haben. Hängen Sie diese zweite Liste, die Liste Ihrer Stärken, bitte auch auf. Werfen Sie immer mal wieder einen Blick darauf und ergänzen Sie sie, wenn Ihnen noch etwas einfällt.

„Aber warum denn so umständlich mit Marktwert und Stärken?", beklagt sich Barbara. „Den passenden Partner zu finden müsste doch ganz einfach sein: Ich setze mich hin und mache eine Checkliste, auf der steht, was ich mir von einem Partner wünsche. Wie soll er sein? Was soll ihn auszeichnen? Danach weiß ich genau, was ich will – und schon geht es los mit der Suche!"

Wenn es mal nur so einfach wäre! Früher habe ich auch solche Checklisten empfohlen. Sie sind aus Ratgeberbüchern heute gar nicht mehr wegzudenken. Leider ist ihr Nutzen in unserem Fall nur sehr begrenzt – wie sich auf der letzten Station unserer Reise auf dem Kontinent der *Selbsterfahrung* zeigen wird.

Siebte Regel: Das Handeln zählt – nicht die Worte

New York – hören Sie das Hupen der Taxis? Das Stimmengewirr auf den Straßen? Für Touristen ist New York eine wunderbare Stadt! Leider aber ist sie für die Partnersuche ein schwieriges Pflaster. Wer hier Single ist, der lässt von

Blind-Date bis After-Work-Party nichts aus, um einen passenden Partner oder eine passende Partnerin zu finden. Für die Betroffenen ist das manchmal sehr anstrengend, für die Wissenschaft aber ist es ein wahres Glück. Denn gäbe es all diese „Wie treffe ich bloß den Passenden?"-Ereignisse nicht, dann wäre eine der spannendsten Fragen der Psychologie wohl nie so eindrucksvoll untersucht und beantwortet worden. Sie lautet: Was ist es, was der Mensch will? Gilt das, was er sagt? Oder zählt, was er tut?

Keiner der Gründerväter der Tiefenpsychologie hätte Probleme gehabt, Ihnen auf diese Frage eine klare Antwort zu geben. Sigmund Freud hätte den Kopf möglicherweise ein wenig schräg gelegt und Ihnen mit klarer Stimme seine Antwort gegeben. Alfred Adler hätte sich kurz über den Bauch gestrichen und dann mit warmer Stimme gesprochen. C. G. Jung schließlich hätte sich das Kinn gerieben und dann zu einer Erklärung angesetzt.

So unterschiedlich Freud, Adler und Jung waren – auf die Frage, um die es hier geht – „Zählt das, was ein Mensch sagt oder das, was er tut?" –, hätten alle drei die gleiche Antwort gegeben: *Es zählt, was der Mensch tut, nicht, was er denkt und nicht, was er sagt.*

Der Wissenschaft sei Dank

Es ist dem Wirtschaftswissenschaftler Professor Raymond Fisman und der indischstämmigen Psychologin Professor Sheena Iyengar von der Columbia University zu verdanken, dass in New York ein entscheidender Baustein zur Beantwortung der Frage *Was wissen wir eigentlich darüber, wer zu uns passt?* entdeckt wurde – bei einem Speed-Dating. Und das ist der Qualität der Untersuchung zu verdanken.

Viele angeblich wissenschaftliche Studien belassen es dabei, Menschen nach ihren Ansichten zu befragen und ziehen aus den Antworten dann weitreichende Schlüsse. „Frauen suchen keinen Mann als Versorger", titeln dann die Zeitungen, weil bei einer Telefonbefragung nur sehr wenige Frauen zugaben, dass sie bei der Partnersuche darauf achten, ob ein Mann einen guten Verdienst hat. Mag ja sein, dass viele Frauen nicht bewusst nach einem gut verdienenden Mann Ausschau halten. Aber sie tun es in der Praxis eben doch. Die Realität beweist es immer wieder.

Doch Sheena Iyengar und Raymond Fisman beließen es in ihrer Untersuchung nicht dabei, die Absichten ihrer Probanden zu erfassen. Sie schauten anschließend auch, ob sie sich in der Realität an ihre Absichtserklärungen hielten – und förderten eine Überraschung zutage.

Die beiden Wissenschaftler ließen die Teilnehmer ihrer Studie an einem Speed-Dating teilnehmen. Ein Speed-Dating ist eine dieser „Wie finde ich den Traumpartner?"-Aktivitäten, zu denen New Yorker Singlefrauen und -männer gehen, um in dem großen Durcheinander dieser kosmopolitischen Metropole endlich, endlich auf Mr. oder Mrs. Right zu treffen.

Üblicherweise soll jeder Teilnehmer und jede Teilnehmerin nach einem fünf- oder sechsminütigen Gespräch nur eines sagen: Möchte ich diesen Mann, möchte ich diese Frau noch einmal wiedersehen? Die beiden Professoren ließen die Teilnehmer für ihre Untersuchung jedoch vier Fragebögen ausfüllen. Mit dem ersten, vor Beginn der Veranstaltung ausgefüllten Bogen, erhoben sie die Wunschliste an einen Partner – die klassische Checkliste also. Der zweite Bogen folgte am nächsten Tag, nach dem Speed-Dating. Den dritten füllten die Teilnehmer der Studie einen Monat später aus, den vierten nach einem halben Jahr.

In ihren Fragebögen baten die Wissenschaftler die Teilnehmer, anzugeben, welche Eigenschaften sie sich besonders bei einem Partner wünschten. Dazu bewerteten sie eine Reihe von möglichen Merkmalen – Attraktivität, gemeinsame Interessen, Sinn für Humor, Ehrlichkeit, Intelligenz und Ehrgeiz – jeweils mit einer Ziffer zwischen 1 und 10. Außerdem beurteilten sie jeden Teilnehmer am Ende der sechs Minuten ebenfalls anhand dieser Kategorien.

Als sich Iyengar und Fisman schließlich die Antworten ansahen, stellten sie etwas Merkwürdiges fest: Die Checklisten, also die vor dem Speed-Dating erhobenen Fragebögen, stimmten in aller Regel überhaupt nicht mit den während des Abends tatsächlich als interessant eingestuften Partnern überein. Eine Frau, die zuvor angegeben hatte, besonders viel Wert auf die Merkmale „Intelligenz" und „Ehrlichkeit" zu legen, fühlte sich im Laufe des Abends keineswegs besonders zu intelligenten und ehrlichen Männern hingezogen. Stattdessen bevorzugte sie zum Beispiel in erster Linie gut aussehende und humorvolle Männer.

Dieses reale Verhalten der Probandin findet seinen Niederschlag im Fragebogen des nächsten Tages. Dort bevorzugt sie jetzt, nach dem Speed-Dating, gut aussehende und humorvolle Männer. Einen Monat später aber ist alles beim

Alten. Nun gibt sie in ihrem Fragebogen erneut an, dass sie sich einen intelligenten und ehrlichen Mann wünscht. Sechs Monate später ebenfalls.

Wie kann es sein, dass mündliche oder schriftlich bekundete Absichten so ganz anders ausfallen als das reale Verhalten von Menschen? Dafür gibt es eine ganze Reihe von Gründen: Oft offenbaren die Antworten nicht viel mehr als die vorherrschenden Ansichten des Milieus, in dem die Teilnehmer leben. Oder sie repräsentieren den herrschenden Zeitgeist. Manchmal zeigen sie auch nur an, welches Selbstbild Menschen von sich haben.

Ich bin überzeugt, dass die Menschen auf Fragen nach dem gewünschten Partner nach bestem Wissen und Gewissen antworten. Sie glauben also, sie wüssten, was sie wollen. Sie können auch wortreich erklären, was genau sie suchen. Das alles sind aber mehr oder weniger interessante Geschichten. Ein bunter Strauß. Eine Mischung von *Wünsch dir was*, *Herzblatt* und *Denn sie wissen nicht, was sie tun*. In Wahrheit wissen die allermeisten von uns nicht, was für eine Partnerin, was für einen Partner sie suchen.

Erschreckend? Kommt drauf an! Wenn wir uns über diesen Sachverhalt erst einmal im Klaren sind, haben wir gute Chancen, unsere Wünsche deutlicher zu erkennen. Und deshalb finden Sie an dieser Stelle eben keine Checkliste, wie Ihr Partner sein sollte und wie nicht. Die Menschen, die zu mir in die Beratung kommen oder meine Workshops besuchen, erstellen nie solche Listen, und auch Barbara hat es, trotz ihrer anfänglich geäußerten Vorliebe dafür, nicht getan.

Wer zu mir in die Beratung kommt, den fordere ich in der Regel schon bald auf, aktiv auf die Suche zu gehen. Und dann beobachte ich, welche Männer eine Frau interessant findet und welche nicht. Und welche Frauen ein Mann in die engere Wahl zieht und welche nicht. Und genau das sollen Sie auch tun, wenn Sie mehr erfahren wollen über die spannende Frage *Wer passt zu mir?*

Übung „Das eigene Handeln beobachten": Machen Sie diese Übung bitte nur, wenn Sie Single sind. Sie können sie darüber hinaus nur durchführen, wenn Sie Verabredungen haben, sich also mit Männern oder Frauen treffen, die ebenso wie Sie nach dem Partner fürs Leben suchen. Es ist einerlei, wie Sie diese Menschen kennenlernen. Speed-Dating, Internet, Kontaktanzeige, Party – alles zählt.

Sie sollten nun – wie Sheena Iyengars und Raymond Fismans Versuchspersonen – nach jedem Treffen Rechenschaft über den verbrachten Abend oder Nachmittag ablegen. Was hat Ihnen gefallen, was nicht? Wichtig sind vor allem die ersten drei Eindrücke, die Sie von Ihrem Gegenüber hatten. Schreiben Sie sie bitte am nächsten Tag auf. So verfahren Sie ab sofort bei jeder Verabredung, die Sie haben. Sie beobachten Ihr Handeln.

Ich weiß, für manche Menschen ist die Erkenntnis, was sie wirklich tun, wenn sie auf die Suche gehen, ein schwieriger Blick in den Spiegel. „Das soll ich sein?", fragen sie geradezu entsetzt. Sie glauben, sie suchten nach dem humorvollen und familientauglichen Mann, und in Wahrheit – diese Übung bringt es ans Tageslicht –, schlägt ihr Herz bei jungenhaften Charmeuren besonders heftig. Erschrecken Sie bitte nicht über das, was Sie da sehen. Ein ehrlicher Blick hilft Ihnen mehr als alle gut gemeinten Absichtserklärungen dieser Welt. Wenn Sie wissen, dass Sie in Wirklichkeit nach jungenhaften Charmeuren Ausschau halten und nicht nach einem familientauglichen Mann, dann sind Sie in Wahrheit einen sehr wichtigen Schritt weiter.

Thomas beobachtet sein Handeln

Am Ende hat sich Thomas für ein Single-Kochen entschieden. „Du musst einfach mehr unter Menschen", hatte seine beste Freundin und Ratgeberin Monika zu ihm gesagt. „Und zwar unter Singles. Wie willst du denn sonst eine neue Partnerin kennenlernen?" Monika zeigte ihm die Anzeige einer Single-Agentur: „Sechs Männer und sechs Frauen kochen und essen zusammen. So haben sie Gelegenheit, zwanglos miteinander ins Gespräch zu kommen."

„Klingt doch gut, oder?" Das musste Thomas zugeben, und so meldete er sich an.

Schon als er hereinkam, fiel sein Blick auf Anna-Marie, die ganz entspannt in einer Ecke saß und an ihrem Begrüßungscocktail nippte. Ihre Blicke begegneten sich, ruhten einen Moment lang ineinander, ehe sie sich wieder voneinander lösten. Das sollte im Laufe des Abends noch öfter passieren. Kaum hatte Thomas Anna-Marie die Hand gegeben, da wurde er von einer dunkelhaarigen Mittdreißigerin zum Zwiebelschneiden eingeteilt. Das gefiel Thomas sehr. Er mochte Frauen, die wussten, was sie wollten. „Ich bin Barbara", sagte sie noch und lächelte ihn an. Ihre Haarfarbe und ihre Figur gefielen ihm ausgesprochen gut. Barbara erinnerte ganz ohne Zweifel ein wenig an Karin.

Der Abend war nett, das Essen gut, der Wein ebenfalls. Am Ende wusste Thomas genau, welche Frauen ihn ernsthaft interessierten. Es waren Barbara und Anna-Marie. Also kreuzte er die beiden Namen auf dem Zettel an, den er mitbekommen hatte. Zwei Tage später hatte er Post. Barbara und Anna-Marie hatten ihrerseits ebenfalls seinen Namen angekreuzt. Damit hatte Thomas nun wirklich nicht gerechnet. Ganz überrascht hielt er die Telefonnummern der beiden in der Hand. Er hatte nicht einmal erwartet, dass er bei einem Single-Kochen jemanden kennenlernen würde. Und dass nun gleich beide Frauen, die er nett fand, ihn ebenfalls sympathisch fanden, schmeichelte ihm sehr.

„Siehst du, Gelegenheit macht eben doch Liebe!", sagte Monika. Doch von Liebe war ja noch lange nicht die Rede. Erst einmal gab es ganz andere Fragen: Sollte Thomas sich mit Barbara und mit Anna-Marie verabreden? Oder zunächst einmal mit einer von beiden? Und welche sollte er als Erste anrufen?

„So viele Fragen", konstatierte Monika, ganz vergnügt über den großen Erfolg des Single-Kochens und über Thomas' Unsicherheit. „Du triffst dich natürlich mit beiden. Woher sollst du denn jetzt schon wissen, welche von beiden zu dir passt?!"

Abschied vom Kontinent
Selbsterkenntnis

Langsam wird es Zeit, dass wir unsere Reise fortsetzen. Wie ist es Ihnen in *Selbsterkenntnis* ergangen? Natürlich haben wir auf diesem großen Kontinent nur eine gewisse Auswahl an Orten besuchen können, und sicher erinnern Sie sich, dass der Pressesprecher mit unserer Reiseroute nicht immer ganz glücklich war. Ich hoffe dennoch, Ihnen in diesem Land der unbegrenzten Möglichkeiten einige Orte gezeigt zu haben, von denen aus Sie erlebnisreiche Ausflüge in Sachen Selbsterkenntnis unternehmen konnten. Wie haben sie Ihnen gefallen? Fanden Sie sie anstrengend? Waren Sie so manches Mal vielleicht auch überrascht über das, was Sie da zu sehen bekamen? Keine Sorge: Sie sind mit Ihren Reiseeindrücken nicht allein. *Selbsterkenntnis* ist durchaus auch ein Kontinent, auf dem sich Abenteuer erleben lassen.

Nehmen Sie sich also ruhig Zeit für eine Pause. Lassen Sie Ihre Erfahrungen sacken. Ich bin sicher, sie werden nachwirken. Im besten Fall dahingehend, dass Sie immer wieder zurückkehren auf diesen Kontinent, um Ihre Eindrücke aufzufrischen und zu vertiefen – oder auch, um neue Wege zu sich selbst zu entdecken. Eines ist gewiss: In der Frage *Wer passt zu mir?* wird jede Tour nach *Selbsterkenntnis* Sie weiterbringen.

Teil 3: Passen

Der Kontinent *Passen* ist groß. So groß wie Afrika. Für die meisten Menschen ist er eine fremde und exotische Weltgegend. Sie glauben, dass es in der Liebe völlig ausreicht, sich zu verlieben. Der Rest werde sich dann schon irgendwie ergeben, oder eben nicht. Vom Zueinander-Passen haben sie noch nichts gehört.

Kaum jemand interessiert sich deshalb für dieses faszinierende Land. Niemand kennt die Namen seiner Gebirge, seiner Flüsse und seiner Städte. *Passen* ist ein unbekannter Kontinent.

Der Pressesprecher des hiesigen Tourismusverbandes spricht ungewohnt zurückhaltend. Kein breites Lachen. Stattdessen ein ernster, fast besorgter Blick. „Wir versuchen seit Jahren immer wieder, auf uns aufmerksam zu machen", sagt er. Wir werden ihm helfen bei seinen Bemühungen, *Passen* bekannter zu machen. Sein Kontinent hat es verdient.

Was für eine tolle Frau!

„Hurra!" Thomas machte einen Luftsprung und ging weiter durch die laue Frühlingsluft. Was für eine tolle Verabredung! Was für eine tolle Frau! Drei Stunden hatten sie miteinander verbracht, und je länger der Abend dauerte, desto begeisterter war er von ihr. Doch immer der Reihe nach. Thomas hatte zunächst Anna-Marie angerufen und dann Barbara. Er hinterließ bei beiden Frauen eine Nachricht und wartete auf einen Rückruf. Es war Barbara, die sich als Erste meldete, und nach einem netten Gespräch über Gott und die Welt verabredeten sie sich.

Thomas hatte sich die Wahl des Ortes nicht leicht gemacht. Am Ende fand er ein ruhiges Restaurant, das auf spanische Küche spezialisiert war. Er machte sich nichts aus spanischer Küche, aber hatte Barbara nicht erzählt, dass sie eine Zeit lang in Spanien gewesen war? Die Flamenco-Musik war dezent und die Bedienung war freundlich. Hier konnte man gut essen. Und man konnte sich gut unterhalten.

Thomas bestellte eine Fischsuppe, Barbara einen gemischten Vorspeisenteller. Ihre Augen strahlten ihn an, ihr Mund war sinnlich geschwungen und die dunklen Haare fielen ihr sanft bis über die Schultern. Er fühlte sich wie ein 15-Jähriger bei seiner allerersten Verabredung und fragte sich immerzu: Wie um alles in der Welt kann ich dieser Frau gefallen? Wie sich schon bald herausstellen sollte, hätte er sich diese bange Teenagerfrage sparen können. Barbara war ohne Zweifel sehr angetan von ihm.

Was, wenn ich zu viel rede?

Barbara hatte heute *keinen* unzufriedenen Tag gehabt. Sie hatte *nicht* kritisch in den Spiegel geschaut und *keine* überflüssigen Pfunde entdeckt. Wozu auch! Die Sonne schien schon seit dem frühen Morgen vom strahlend blauen Himmel. Sie hatte heute eine Verabredung! Manchmal schossen ihr böse Gedanken durch den Kopf, die sie schnell beiseite wischte. „Wie sehen denn deine Haare wieder aus?!", hatte ihre Mutter oft zu ihr gesagt. „So kriegst du nie einen Mann", fügte Großmutter dann gewöhnlich hinzu. Heute gelang es Barbara mühelos, diese nörgelnden Stimmen zum Verstummen zu bringen. Sollten sie doch bleiben, wo der Pfeffer wächst! Sie hatte eine Verabredung!

Barbara war sehr aufgeregt vor ihrem Treffen. Aber mal ehrlich: War das nicht völlig normal? Befürchtungen kamen ihr in den Sinn: Was, wenn er sie uninteressant fand und nach einer halben Stunde schon ging? Was, wenn sie zu viel redete und er das zu aufdringlich fand? Halt! Stopp! Auch diese Gedanken verscheuchte Barbara und verbannte sie in die hinterste Gehirnecke. Sie hatte eine Verabredung. Und die würde ein Erfolg werden. Punkt.

Barbaras anfängliche Aufregung legte sich schon bald. Sie saß erst eine Viertelstunde mit Thomas zusammen, da vergaß sie bereits alle ihre Befürchtungen und plauderte angeregt mit ihm. Sie erzählte von ihrem letzten Tauchurlaub auf den Malediven. Er war noch nie getaucht, hörte ihr aber interessiert zu und konnte den Blick kaum von ihr wenden. Thomas erzählte von seinem letzten Kinobesuch, bei dem er einen Film von Woody Allen gesehen hatte. Barbara kannte alle Filme von Woody Allen und mochte besonders *Manhattan*. Dann erzählte sie von New York und wie sehr sie die Stadt bewunderte, Chinatown, den Central Park und das Museum of Modern Art. Da war auch Thomas schon gewesen. So lief das Gespräch der beiden ganz locker und ungezwungen und sie fühlten sich bald ganz vertraut miteinander.

Immer wieder blickte Barbara Thomas direkt in die Augen und lächelte ihn an. Manchmal legte sie den Kopf dabei ein wenig schräg. Ein andermal fuhr sie sich mit der Hand durch die Haare. Sie mochte seine ruhige, zurückhaltende Art. „Ich bin selber quirlig genug", hatte sie neulich zu ihrer Freundin gesagt. „Was ich brauche, ist ein ruhiger Fels in der Brandung." Dass Thomas ein spanisches Restaurant ausgesucht hatte, gefiel ihr besonders. Er hatte sich also gemerkt, dass sie ein Jahr in Malaga studiert hatte. Wie aufmerksam von ihm!

Später dann – Barbara lag längst im Bett und kuschelte sich an ihr Kissen – später wanderten ihre Gedanken immer wieder zu Thomas. Sie dachte an den Abschied, bei dem sie sich noch einmal lange angeschaut hatten, und an sein verlegenes Lächeln, als er sagte: „Ich rufe dich an." Das war nicht einfach so dahergesagt, als höfliche Floskel. Sie war sich sicher, sie würden sich wiedersehen.

Wie Sympathie entsteht

Was passiert, wenn zwei Menschen wie Thomas und Barbara bei einer Verabredung – neudeutsch: bei einem Date – aufeinander treffen? Wie entscheidet sich, ob der Funke der Sympathie überspringt – oder eben nicht? Sind es die berühmten Gegensätze, die sich gleichsam magisch anziehen? Oder gilt die alte Volksweisheit „Gleich und Gleich gesellt sich gern"?

Eine erste Antwort auf diese Fragen gibt die Sympathieforschung. Ihr verdanken wir eine Vielzahl von Erkenntnissen, die sich auf unsere Frage *Wer passt zu mir?* nutzbringend anwenden lassen. Die amerikanischen Sozialpsychologen

Donn Byrne und Elliot Aronson haben hierzu wunderbare Beiträge geliefert. Demnach sind sich Menschen vor allem deshalb sympathisch, weil sie Übereinstimmungen feststellen. Der andere denkt wie wir, er hat ähnliche Ansichten, er verhält sich wie wir, ist ähnlich gut gebildet, hat ein ähnlich gutes Einkommen, hat ähnliche Erfahrungen in seinem Leben gemacht oder ähnliche Entscheidungen getroffen – schon springt ein kleines Lämpchen in unserem Gemüt an und signalisiert Sympathie.

Das erste Gesetz der Sympathie

Studien von Donn Byrne kamen zu dem klaren Ergebnis: Der Grad der Sympathie zwischen zwei Menschen ist abhängig von der Anzahl der Übereinstimmungen, die sie feststellen. Wenige Übereinstimmungen ziehen eine geringe Sympathie nach sich. Je mehr Ähnlichkeiten wir aber feststellen, desto mehr Lämpchen leuchten auf, und desto sympathischer sind wir uns.

Menschen neigen dazu, andere sympathisch zu finden, weil sie Ähnlichkeiten zu sich selber feststellen. Ich nenne dies auch das *erste Gesetz der Sympathie*. Leider werden wir über dieses wichtige Lebensgesetz in der Schule, im Gegensatz zum Ersten Gesetz der Thermodynamik, nie aufgeklärt. Das erste Gesetz der Sympathie gilt, wann immer Menschen aufeinander treffen. Es gilt bei der Arbeit. Es gilt in der Freizeit. Und es gilt eben auch für die Partnerwahl.

Diesem Ähnlichkeitsgesetz der Sympathie sind auch Barbara und Thomas bei ihrer Verabredung gefolgt. Sie haben unbewusst einen Ähnlichkeitsabgleich vorgenommen. Dabei sind beide fündig geworden. Sie haben ähnliche Vorlieben im Bereich Kunst festgestellt, bei Kinofilmen und beim Humor. Außerdem sind sie ähnlich alt und verdienen ähnlich gut – auch das war beiden bald klar.

Das zweite Gesetz der Sympathie

Menschen suchen also, ob bewusst oder instinktiv, Partner, die ihnen ähnlich sind. Oder genauer gesagt: Sie suchen nach Partnern, von denen sie *den Eindruck haben*, dass sie ihnen ähnlich sind. Denn um die Sympathielämpchen aufleuchten zu lassen, ist es nicht erforderlich, dass die Ähnlichkeiten auch wirklich existieren. Es reicht schon, dass wir den Eindruck haben, der andere sei ähnlich wie wir und denke ähnlich wie wir – schon fühlen wir uns zu ihm hingezogen. Das ist das *zweite Gesetz der Sympathie*: Menschen fühlen sich zu Menschen hingezogen, von denen sie annehmen, dass diese ihnen ähnlich sind. Irrtum nicht ausgeschlossen.

Das zweite Gesetz der Sympathie macht die Partnerwahl naturgemäß erheblich komplizierter. Der menschlichen Fähigkeit zum Irrtum sind bekanntlich kaum Grenzen gesetzt. Die Fehlerquellen sind zu zahlreich.

Der andere kann sich bewusst verstellen und wir können darauf reinfallen. Er kann sich als seriöser, gewissenhafter Mensch präsentieren und am Ende mit unserem Ersparten abhauen. Solche abgebrühten Täuschungsmanöver gibt es nicht nur in der Welt der Unterhaltungsromane und des Fernsehens, es gibt sie auch in der Realität. Sie sind bei der Partnersuche allerdings eher selten.

Der andere präsentiert sich beim Kennenlernen vor allem von seiner Schokoladenseite – wer könnte es ihm verdenken –, und wir achten einfach nicht auf seine Fehler und Schwächen.

Oft sehen wir nur das, was wir sehen wollen und sehen können. In diesem Fall ist es unsere „Brille", die uns dazu veranlasst, die Welt in der uns eigenen Art wahrzunehmen und so bei jedem Kennenlernen nur einen sehr subjektiven Eindruck unseres Gegenübers möglich macht. Irrtum nicht ausgeschlossen.

Viele Menschen sind beim Kennenlernen eines potenziellen Partners alleine durch die Aussicht, endlich, endlich einen Partner zu finden, bereit, sich den anderen schönzureden und Vorzüge an ihm zu entdecken, die er bei Lichte besehen gar nicht hat.

Spätestens in der Verliebtheitsphase schließlich setzen die entsprechenden Hormone unsere Fähigkeit zum kritischen Denken weitgehend schachmatt. In dieser Zeit sehen wir bekanntlich alle durch die rosarote Brille.

Das zweite Gesetz der Sympathie führt in der Liebe beinahe immer zu Problemen. Die angenommenen Vorzüge des Partners erweisen sich als eingebildet; urplötzlich tauchen Schattenseiten auf, von denen wir nichts ahnten. Täuschungen über das Wesen des anderen lösen schnell das Gefühl der Ent-täuschung aus, häufig auch den Eindruck, vom anderen absichtlich ge-täuscht worden zu sein – was möglicherweise gar nicht in dessen Sinn lag. Es lohnt sich also, bei der Partnersuche genau hinzuschauen und zu prüfen, ob angenommene Übereinstimmungen auch wirklich vorhanden sind.

Das dritte Gesetz der Sympathie

„War's das schon?", werden Sie jetzt vielleicht fragen. Zählen wirklich nur die Ähnlichkeiten, die zwei Menschen beim Zusammentreffen auffallen oder die sie zu erkennen glauben? Nein, so einfach ist es leider nicht. Denn die Sozialpsychologie kennt noch eine dritte wichtige Variante der Sympathie-Entstehung: Wir neigen dazu, Menschen als sympathisch einzuschätzen, die ihrerseits uns sympathisch finden. Wird uns also Sympathie entgegengebracht – aus welchen Gründen auch immer –, so reagieren wir auf dieses Angebot ebenfalls mit Zuneigung. Das ist das *dritte Gesetz der Sympathie*.

Barbara ist von Thomas sehr angetan. Er ist genau ihr Typ, groß wie er ist und mit seinen dunklen Haaren. Seine ruhige, besonnene Art begeistert sie. Barbaras Begeisterung führt bei ihr zu einer Vielzahl von Sympathiebekundungen. Sie lächelt Thomas häufig an, schaut ihm gerne und auch länger in die Augen. Sie beugt sich beim Sprechen immer wieder zu ihm vor. Sie gibt ihm im Gespräch oft recht und meidet strittige Themen. Sie will die wunderbar harmonische Stimmung des Abends auf keinen Fall trüben. Das hat mit Täuschung nichts zu tun, denn sie befindet sich mitten in einem Flirt, und die Gesetzmäßigkeiten des Flirtens sehen nun einmal genau das vor: Keine Kritik am anderen, Konzentration auf das Verbindende, nette Komplimente und aufmerksame Zuwendung.

Auf Barbaras Sympathiesignale reagiert Thomas positiv. Er ist – wie wir alle – sehr empfänglich für Anzeichen der Sympathie. Er ist sich seit seiner Jugend seiner Attraktivität unsicher und neigt dazu, sich für nicht liebenswert zu halten. Diese Unsicherheit hat er in Freundschaften nie. Bei Frauen aber verliert er schnell die entscheidende Frage aus dem Auge: *Wer passt zu mir?* So wie Barbara sich beim Aufeinandertreffen anfänglich fragte: „Was muss ich tun, um ihm zu gefallen?", sind die Sensoren von Thomas mit der Frage beschäftigt: „Mag sie mich – oder mag sie mich nicht?" Stellt er Interesse fest, öffnet auch er sich. Und da Barbara ihr Interesse sehr deutlich kundtut, ist Thomas bald mehr als nur angetan. Er ist begeistert, ja regelrecht euphorisch. „Endlich mal eine Frau, die mich mag, so wie ich bin!" Thomas' Gefühle folgen also dem dritten Gesetz der Sympathie. Er findet Barbara toll, weil sie ganz offensichtlich ihn toll findet.

Warum Gegensätze sich auch anziehen können

Natürlich hat Barbara bei der Begegnung mit Thomas vor allem auf die Ähnlichkeiten geachtet. Im Bereich des Charakters aber ist sie festgelegt: Ihr zukünftiger Partner soll anders sein als sie selbst. Sie sieht in Thomas einen ruhigen Pol, den sie als Bereicherung für sich und ihr Leben betrachtet. Barbara will ihr eigenes Wesen durch ihren Partner ergänzen, sie will sich komplettieren. Das ist der Grund, weshalb Gegensätze sich – im Widerspruch zum Ähnlichkeitsgesetz der Sympathie – auch anziehen können. Mindestens einer der beiden Partner muss diese Gegensätzlichkeit unbedingt wollen.

Barbara will den charakterlichen Gegensatz. Sie will keinen Partner, der ähnlich quirlig und spontan ist wie sie. In dieser Weise hat sie auch in der Vergangenheit gewählt. Auch Harald, ihr Ex, war von der ruhigen Sorte und bekam bei Festen zumeist den Mund nicht auf. „Harald, die Schlaftablette", hatte ihre Freundin ihn getauft. Gut gelaufen ist die Beziehung allerdings nicht. Irgendwann war auch Barbara von „Harald, der Schlaftablette" nicht mehr angetan. Immer öfter ging ihr seine ruhige Art nur noch auf die Nerven. Die Stimmung zwischen den beiden wurde frostig. Gespräche gab es kaum noch. Die Sexualität lief lustlos und routiniert. Von der früheren Leidenschaft war keine Spur mehr übrig.

Trotz ihrer schlechten Erfahrungen möchte Barbara erneut gegensätzlich wählen. Und Thomas? Thomas hat über diese Unterschiede in der Mentalität nicht einmal nachgedacht. Sie sind ihm bei seinem Treffen mit Barbara schlicht nicht aufgefallen. Dass sie deutlich mehr geredet hat als er, dass sie ihn selten etwas gefragt hat, dass sie viel spontaner ist als er und dass es sie in der Urlaubszeit, anders als ihn, immer in die Ferne zieht – das alles hat er nicht bemerkt.

Sollte er aber! Wenn er sich auf eine gegensätzliche Wahl einlässt, dann sollte er es bewusst tun. Möglicherweise ist eine solch gegensätzliche Wahl für ihn eine echte Bereicherung, die ihn als Menschen fördert und zu seiner persönlichen Entwicklung beiträgt. Möglicherweise! Vielleicht aber ist er gar nicht der Typ, der mit solchen Gegensätzen in einer Partnerschaft umgehen kann. Er sollte also wissen, was er tut.

„Dass Barbara charakterlich ganz anders ist als er, das wird Thomas aber doch sicherlich noch merken", könnten Sie jetzt einwenden. Ich bin mir da nicht so sicher. Denn leider ist das Zeitfenster hierfür sehr, sehr klein. Verlieben sich Thomas und Barbara ineinander, dann kann es lange dauern, bis ihm die Unterschiede auffallen. Die Verliebtheitsphase eines Paares dauert ein bis zwei Jahre. Danach ebbt die hormonelle Springflut wieder ab und die Normalität kehrt ein. Das ist der Grund dafür, dass viele Beziehungen im Verlauf der ersten beiden Jahre scheitern. Ein Jahr, so die Erfahrung, dauert es, den anderen überhaupt richtig kennenzulernen. Oft beginnt dann schon die Phase des Auseinandergehens, die sich über ein bis zwei Jahre hinziehen kann.

Die Dinge in der Schwebe halten

Thomas ist so begeistert von Barbara und ihren Sympathiebekundungen, dass er nach dem ersten Treffen mit ihr schon völlig aus dem Häuschen ist. Mit Anna-Marie will er sich am liebsten gar nicht mehr treffen. Monika ist darüber außer sich. „Du willst die Verabredung mit Anna-Marie einfach absagen? Du spinnst!", schimpft sie.

So heftig hat Thomas sie noch nie erlebt. „Aber der Abend mit Barbara war so toll, wozu soll ich mich da noch mit Anna-Marie treffen? Ich werde mich langweilen. Und außerdem ist es total unehrlich", rechtfertigt er sich.

Monika schaut ihn lange und nachdenklich an. „Leg dich doch nicht sofort fest, sondern triff dich, solange du noch nicht verliebt bist, mit verschiedenen Frauen und nicht nur mit der einen, von der du annimmst – mehr nicht! –, es sei die Richtige. Ihr hattet einen netten Abend, einen einzigen netten Abend. Woher willst du denn jetzt schon wissen, dass diese Frau zu dir passt?"

Gute Frage. Woher will Thomas das jetzt schon so genau wissen?

Monika setzt erneut an. „Du machst keine falschen Versprechungen. Du hältst die Dinge einfach ein bisschen in der Schwebe, statt von Anfang an auf eine Karte zu setzen und dir zu sagen: Die oder keine!", erklärt sie. „So findest du besser heraus, wer von den beiden wirklich zu dir passt."

Am Ende lenkt Thomas ein. „Vielleicht hat Monika doch recht", denkt er. Er wird sich auch mit Anna-Marie treffen. Monika ist damit zufrieden. *Leg dich nicht sofort fest* – das war auch ihr eigenes Credo, als sie vor einigen Jahren auf der Suche nach dem Partner fürs Leben war. Sie wusste, dass es sich lohnt, genauer hinzuschauen. Für eine dauerhafte Liebe braucht es mehr als nur die anfängliche Begeisterung nach einem tollen Treffen. Diese Erfahrung hat sie auch selbst gemacht. Und hat gelernt, die verschiedenen Ebenen der Partnerwahl zu unterscheiden und ihre Bedeutung für das Glück in der Liebe einzuschätzen.

Thomas hat sehr gute Aussichten, wenn er es ebenso macht wie Monika. Wenn er sich nicht so schnell festlegt. Wenn er die Dinge eine Weile in der Schwebe hält. Tut er dies, wird seine Partnerwahl deutlich passender ausfallen als in der Vergangenheit.

Die sechs Ebenen der Partnerwahl

Unbewusst überprüfen wir alle bei der Partnersuche in Frage kommende Partner oder Partnerinnen nach den entscheidenden sechs Ebenen der Partnerwahl. Es sind dies die Kriterien des *Aussehens,* der *Bildung,* der *Interessen* des anderen, des *sozialen Milieus,* aus dem er kommt, seiner *Werte* und schließlich seines *Charakters.* Je bewusster uns diese Kriterien sind und je genauer wir wissen, auf was wir bei der Partnersuche wirklich achten sollten, desto besser.

Wir setzen bei der Partnerwahl vor allem auf Ähnlichkeiten, und genau das sollten wir auch tun. Zu diesem Ergebnis kommt jedenfalls eine wahre Flut von wissenschaftlichen Studien. Partnerschaften, die nach dem Ähnlichkeitsprinzip zustande kommen, sind glücklicher. Und nicht nur das. Sie sind auch haltbarer.

Ähnlichkeiten verleihen einer Beziehung Halt und Dauer – zu diesem Ergebnis komme auch ich immer wieder in der Beratung von Singles bei der Partnersuche. Wer ähnlicher wählt als in der Vergangenheit, wird auf diese Weise auch zufriedener. Das dritte Indiz, auf das Sie möglicherweise auch selbst schon gestoßen sind: Wenn Sie sich Liebesgeschichten anhören und die glücklichen Liebesgeschichten mit den weniger glücklichen vergleichen, dann werden Sie wieder und wieder beobachten, dass die glücklichere Wahl ähnlicher war als die weniger glückliche. Viele Menschen sagen das auch so und erzählen von gegensätzlichen Partnerschaften in der Vergangenheit. Und sie erzählen dann freudestrahlend, dass sie mit ihrem gegenwärtigen Partner viel glücklicher sind – weil er ihnen ähnlicher ist.

Die Liebe ist eine Erfahrungswissenschaft. Aus der Erfahrung, dass Beziehungen scheitern, ziehen Menschen für die Zukunft einen wichtigen Schluss: Sie achten mehr als in der Vergangenheit auf Übereinstimmungen.

Abweichungen von der Ähnlichkeitsregel

Die Regeln für die Entstehung von Sympathie gelten für alle Ebenen gleichermaßen, auf denen wir mögliche Partner beurteilen. Sie gilt also für das *Aussehen*, die *Bildung*, die *Interessen* des Anderen, das *soziale Milieu*, aus dem er kommt, seine *Werte* und seinen *Charakter*.

Auf die wichtigen Ausnahmen von dieser Ähnlichkeitsregel werden wir noch zu sprechen kommen. Sie sind es, die die Partnersuche und eine spätere Partnerschaft kompliziert machen.

Erste Ebene: Aussehen

Glauben wir den Frauenzeitschriften, dann ist es vor allem das Aussehen einer Frau, das über ihr Wohl und Wehe auf dem Markt der Partnersuche entscheidet. „Der neue frische Strähnchenlook", werben sie, „Das neue Bauch-Beine-Po-Programm" oder: „Buttermilchbäder machen Ihre Haut unwiderstehlich". Vorhandene Selbstwertzweifel der Leserinnen werden auf diese Weise geschickt genutzt, auf das Äußere projiziert und dort mit Hilfe von Tiegeln, Töpfchen oder gymnastischen Übungen bearbeitet. Diese Vorgehensweise macht das Leben recht übersichtlich und einfach.

Wenn die Attraktivität eines Menschen von seinem Aussehen abhängt, dann muss man sich um das Innenleben ja nicht kümmern. Wie praktisch! Am Äußeren lässt sich leichter arbeiten, der Aufwand ist hier erheblich geringer. Wenn es eine neue – schickere! – Frisur und ein neuer – trendiger! – Mantel schon tun, wozu sich dann den eigenen Selbstwertzweifeln stellen?

Glauben wir der Kosmetikindustrie, dann ist für den Erfolg in der Liebe für Frauen neben einem umwerfenden Parfüm, rasierten Beinen und Achseln, einem Pflegemittel für die Achseln, einem gelegentlichen Ganzkörperpeeling, Farbsträhnen im Haar, einer Bodylotion, künstlichen Fingernägeln mit Glitzereffekten, Lippenstift und Puder eigentlich nur noch eine ansprechend ausgeführte Intimrasur nötig. Habe ich da jetzt irgendetwas vergessen?

Glauben wir schließlich der Schönheitsforschung, dann haben reale Menschen wie Sie und ich sowieso keine Chance, als attraktiv angesehen zu werden. Von Computern erzeugte – gemorphte – Fotos machen in den Labors der psychologischen Forschung in aller Regel das Rennen. Sie werden als schöner empfunden als Bilder von realen Menschen. Doch was sagt uns das für das wirkliche Leben?

Ist das Aussehen wirklich der Goldstandard bei der Partnerwahl? Stimmt das, was Frauenzeitschriften, Kosmetikindustrie und Schönheitsforscher behaupten? Nach meiner Erfahrung als Berater wird die Bedeutung des Aussehens für die Partnersuche dramatisch überschätzt. Frauenzeitschriften machen es ihren Leserinnen auf den ersten Blick leicht. Doch mit ihren Tipps schicken sie sie langfristig in die Irre.

Da, wo sie angebliche eine grüne Oase und frisches Wasser finden sollen, finden sich in Wahrheit nur Sand, Steine und Geröll. So irren sie orientierungslos durch die Wüste.

Die Kosmetikindustrie hat ihre eigenen Interessen. Klar, sie will verkaufen. Je mehr, desto besser. Bedeutet das, dass alle Mühen der äußeren Verschönerung umsonst sind? Sind Haarsträhnen und Peelings vergebliche Liebesmühe und füllen ausschließlich die Kassen der sie anpreisenden Firmen? Im Prinzip ja. Und doch können Sie als Frau durch Farbsträhnen, Bodylotion und Lippenstift Ihren Erfolg bei Männern verbessern. Sie müssen allerdings ganz, ganz fest daran glauben. Diese Verschönerungsversuche haben nämlich einen – kurzfristigen! – Effekt auf das Selbstwertgefühl. „Weil ich es mir wert bin", lautet der Werbeslogan einer bekannten Kosmetikfirma. Wer sich mit einer neuen Frisur oder einer teuren Gesichtscreme besser *fühlt*, der hat tatsächlich bessere Karten bei der Partnersuche. Der Glaube versetzt in diesem Fall also tatsächlich Berge.

Die Ergebnisse der Schönheitsforschung auf die Partnerwahl zu übertragen ist in etwa genauso sinnvoll, wie Männern Fotos von Traumautos vorzulegen – eines teurer als das andere – und aus den Antworten dann abzuleiten, dass Klein- und Mittelklassewagen in naher Zukunft gänzlich unverkäuflich sein werden. Das reale Verhalten beim Autokauf gehorcht anderen Gesetzmäßigkeiten. Die Partnerwahl ebenso.

Die Partnersuche folgt, fragen wir nach der Schönheit und damit dem Aussehen des Menschen, einigen einfachen Regeln, die ich Ihnen im Folgenden vorstellen will. Sie alle arbeiten gegen die Ansichten der Frauenzeitschriften, gegen die Erkenntnisse der Schönheitsforschung und gegen die Behauptungen der Kosmetikindustrie. Wie beruhigend!

Erste Regel: Gleich gesellt sich zu Gleich

Menschen wählen in aller Regel Partner, die ähnlich gut aussehen wie sie selbst. Dieses Gesetz ist durch wissenschaftliche Studien bestens belegt. Barbara und Thomas haben es auf den ersten Blick erkannt, schon bei ihrem Zusammentreffen beim Singlekochen. Beide sehen durchschnittlich gut aus. Sehr gut aussehende Männer zieht es in der Regel zu sehr gut aussehenden Frauen. Und Menschen, die nicht so gut aussehen, finden ihrerseits zueinander. Darüber denken die meisten Menschen allerdings nie nach. Sie handeln einfach nach diesen ungeschriebenen Gesetzen.

Abweichungen von dieser Regel sind sehr, sehr selten. Ja, es gibt sie, die reichen oder mächtigen Männer dieser Welt, die mit schönen Frauen durchs Leben gehen und selbst eher bescheiden aussehen. Sie sind aber Ausnahmen. Auch in die Jahre gekommene weibliche Hollywood-Berühmtheiten leisten sich zunehmend junge, gut aussehende Männer. Hier wird Schönheit gegen Reichtum getauscht. Ein solcher Tausch so ungleicher Eigenschaften geht mal mehr, mal weniger gut – die Zeitungsspalten sind täglich voll davon.

Die Folgen der Regel *Gleich und Gleich gesellt sich gern* für die Partnersuche liegen auf der Hand. Da die meisten Menschen eher durchschnittlich aussehen – in Schulnoten gesprochen zwischen Zwei und Drei minus –, haben sie es bei der Partnerwahl leichter als besonders gut aussehende oder nicht besonders gut aussehende Menschen. Es gibt einfach viel mehr durchschnittlich aussehende Menschen. Und ihre große Anzahl erhöht die Chancen, einen von ihnen zu treffen.

Zweite Regel: Ähnlichkeitswahl nach dem gegengeschlechtlichen Elternteil

Die Partnerwahl von Boris Becker ist legendär. „Seine Frauen sehen ja wirklich alle gleich aus!" Diese Bemerkung habe ich in Bezug auf den ehemaligen Tennisprofi schon oft gehört. Ein paar Abweichungen hier, einige Veränderungen dort, aber im Großen und Ganzen könnten seine Partnerinnen allesamt Schwestern sein. Es gibt viele solcher Beispiele, auch bei weniger bekannten Männern und Frauen. Leiden sie alle unter Wiederholungszwang? Die Antwort lautet: Ja. Zumeist ohne es zu wissen, haben sie ein Idealbild eines Partners oder einer Partnerin im Kopf. Und von diesem Bild weichen sie nur ungern ab. Bleibt die Frage: Wie entsteht dieses Idealbild?

Die Mehrheit der Männer und auch der Frauen (80 Prozent) folgt bei der Partnersuche einem Idealbild, das sie von ihrem gegengeschlechtlichen Elternteil ableiten. Ein Mann wählt demnach eine Frau, die seiner Mutter ähnelt. Eine Frau fühlt sich zu Männern hingezogen, die ihrem Vater ähneln. Diese Ähnlichkeitswahl kann sich auf die Körpergröße beziehen, auf die Statur, auf die Haarfarbe, auf die deutlich gelichteten Haare eines Mannes und natürlich auch auf sein Wesen. Ich habe ausdrücklich „ähnlich" gesagt. Kaum jemand sucht nach einem Partner, der Vater oder Mutter gleicht. Ein solches Idealbild wäre viel zu schwer zu erfüllen, und die Suche würde ewig dauern. Schließlich lässt auch die erotische Anziehung eine allzu große Ähnlichkeit eines Partners mit dem gegengeschlechtlichen Elternteil nicht zu. Zum Begehren gehört eben immer auch das Anderssein des anderen.

Das Idealbild eines Menschen von seinem zukünftigen Partner prägt sich schon sehr früh im menschlichen Leben. Die Natur wartet damit nicht etwa bis zur Pubertät, sondern lässt dieses Ideal bereits zwischen dem vierten und sechsten Lebensjahr entstehen. Es ist dies eine sehr bewegte Zeit, in der die Fähigkeit zu sprechen schon entwickelt ist, die bewusste Erinnerung einsetzt, der Charakter des Menschen geprägt wird – und eben auch sein Partnerideal.

Wenn Sie sich als Frau also schon einmal gewundert haben, warum alle Ihre Männer blond waren und – zufällig, zufällig – auch Ihr Vater blond ist, dann haben Sie jetzt die Antwort gefunden: Sie wählen ähnlich. Und wenn Sie als Mann bislang immer kleine, zierliche Frauen toll fanden und – ja, tatsächlich – auch Ihre Mutter, die Sie sehr mochten, klein und zierlich war, dann wissen Sie jetzt, woher Ihre Vorliebe kommt: Sie wählen ähnlich. Gleiches gilt auch für andere körperliche Merkmale, zum Beispiel den ausgeprägten Hang von Männern zu nicht allzu dünnen oder zu fülligen Frauen. Superschlanke Frauen vom Typus „Twiggy" haben es bei den Männern eher schwer. Auch wenn Frauen oft so aussehen wollen – die allermeisten Männer ziehen solche Frauen für eine Partnerschaft nicht in Betracht. Denn: Männer wählen ähnlich. Und ihre Mütter sahen nur in sehr seltenen Fällen wie Twiggy aus.

Die Regel der Ähnlichkeitswahl nach dem gegengeschlechtlichen Elternteil erklärt auch, warum sich all der Aufwand fürs Haarefärben bei der Partnerwahl nicht bezahlt macht. „Was sie für eine Haarfarbe hat – weiß auch nicht. Sind doch mittlerweile eh die meisten gefärbt", sagt völlig genervt ein männlicher Single zu mir. Am Ende verliebt er sich nicht wegen der Strähnchen oder der gefärbten Haare, sondern zähneknirschend trotzdem. Er hätte so gerne ähnlich gewählt.

„Ist das nicht etwas oberflächlich?", könnten Sie an dieser Stelle einwerfen. Einen Menschen nur deshalb nicht als Partner zu wollen, weil er nicht ins Raster passt, dem Idealbild widerspricht, das Sie verinnerlicht haben? Weil seine Haare die falsche Farbe haben oder seine Größe nicht stimmt? Ja und nein, lautet meine Antwort.

Ja, es ist oberflächlich, wenn das Aussehen einen so großen Einfluss auf unsere Partnerwahl hat. Was können große Frauen dafür, dass mancher Mann eine kleine Mutter hatte und sich keine groß gewachsene Frau als Partnerin vorstellen kann? Und was können dunkelhaarige Männer dafür, dass ihr Vater blond war? Nichts, absolut nichts!

Nein, es ist nicht oberflächlich. Alles andere als das. Wir Menschen machen nun mal in unserer Kindheit und Jugend über viele, viele Jahre gute Erfahrungen mit einem konkreten Vater oder einer konkreten Mutter. Diese Erfahrungen graben sich tief in unser Gefühlsleben ein. Es wäre eher seltsam, wenn dem nicht so wäre. Unsere Gefühle sind nicht oberflächlich. Sie folgen keinem rationalen Kalkül. Wir sind, was das Aussehen einer Partnerin oder eines Part ners angeht, nicht völlig frei, jeden beliebigen Typ zu wählen. Es widerspricht unserem Gefühlsleben.

Die Oppositionswahl

Doch zurück zu Boris Becker und seiner Partnerwahl. Vielleicht haben auch Sie einmal seine Mutter im Fernsehen gesehen, wie sie auf der Tribüne eines Tennisstadions irgendwo in der Welt saß und dem Spiel ihres Sohnes zuschaute. Dann wissen Sie: Sie hat nicht die geringste Ähnlichkeit mit Boris Beckers erster Ehefrau Barbara und allen folgenden Partnerinnen. Woher aber hat Boris Becker dann sein Idealbild? Jedenfalls nicht von seiner Mutter, so viel ist klar.

Die Mehrheit der Menschen wählt ähnlich. Was aber tut der Rest? Wählt er wahllos mal dies, mal das, gerade wie es eben kommt? Nein. *Diese Menschen* wählen oppositionell. Sie entscheiden sich für einen Partner, der sie vom Äußeren her nicht an Vater oder Mutter erinnert.

Ich habe schon deutlich gemacht, dass es Ausnahmen von Regeln in sich haben und die Partnersuche komplizierter gestalten. Hier haben wir eine dieser Ausnahmen. Warum wählen viele Menschen nicht ähnlich? Warum dürfen ihre Lebenspartner unter keinen Umständen ihrem Vater oder ihrer Mutter ähnlich sehen? Die Antwort ist einfach: Weil sie in ihrer Kindheit zu selten positive Erfahrungen mit ihnen gemacht haben. Oder sogar unaufhörlich schlechte Erfahrungen. Sie haben sich nicht identifizieren können, daraus ihre Schlüsse gezogen und sich anderen Menschen zugewandt. Denn die Oppositionswahl ist in der Regel nicht wahllos, sondern folgt in den meisten Fällen wiederum Mustern. Wer sich im Alter zwischen vier und sechs Jahren nicht dazu entschließen kann, sein Partnerideal am gegengeschlechtlichen Elternteil festzumachen, der sucht nach Alternativen, nach anderen Personen in seinem Umfeld, und bildet an ihnen sein abweichendes Ideal. Als Vorbild dienen dann zum Beispiel ein heiß geliebter Onkel oder eine Tante, ein bewunderter Bruder oder eine Schwester. Wenn sie jung genug sind, können auch Großeltern zum Idealbild werden. Einmal erzählte mir ein Workshopteilnehmer, dass er die Ferien immer bei seiner Großmutter verbrachte, mit der er sich – im Gegensatz zu seinen Eltern – sehr gut verstand. Die Großmutter hatte ein afrikanisches Hausmädchen, das der Junge prompt anhimmelte. Alle späteren Partnerinnen ähnelten diesem Hausmädchen. Diese Oppositionswahl wird uns im fünften Teil noch beschäftigen. Denn sie bezieht sich oft nicht nur auf das Aussehen des gegengeschlechtlichen Elternteils, sondern auch auf Werte und Normen der Eltern, die von den Betreffenden abgelehnt werden. Und das kann die spätere Partnerwahl ebenfalls komplizierter machen.

Dritte Regel: Die Ausstrahlung zählt

Die Partnersuche ist kein Schönheitswettbewerb. Niemand beurteilt dabei das bloße Aussehen, wie es etwa in den Labors der Schönheitsforscher geschieht. Wenn Sie einem realen Menschen begegnen, passiert etwas völlig anderes, als wenn Sie anhand von Fotos die Schönheit von Menschen einschätzen müssen, die Ihnen gänzlich unbekannt sind.

Manche gut aussehenden Menschen wirken in der persönlichen Begegnung müde und matt. Andere dagegen versprühen Lebenslust und Lebensfreude. *In der direkten Begegnung zweier Menschen ist es die gesamte Ausstrahlung, die zählt.* Wir erschließen sie durch Mimik, Gestik, Stimme, Körperhaltung, durch das, *was* jemand erzählt und – oft viel wichtiger –, *wie* er es erzählt. Über die Ausstrahlung ergründen wir die innere Attraktivität eines Menschen. Sein Aussehen ist dabei nur einer unter vielen Punkten.

Viel wichtiger als die Frisur von Barbara ist zum Beispiel, ob sie mit ihrem Leben im Grundsatz zufrieden ist. Ob sie gerne zur Arbeit geht. Ob sie gute Freundinnen hat. Ob sie eine grundsätzliche Zufriedenheit mit dem eigenen Leben ausstrahlt. Thomas wird all das spüren. Zufriedenheit, innere Ruhe und Gelassenheit – das sind wirkliche Trümpfe bei der Partnersuche. Natürlich dürfen wir bei einer Verabredung aufgeregt und nervös sein. Das kann sogar sympathisch wirken. Innere Panik aber – „Mich will ja doch niemand!" – zerstört jeden Flirt und jedes Kennenlernen schon im Ansatz. Wer mit einer unzufriedenen, nörgeligen Miene nach der Partnerin oder dem Partner fürs Leben sucht, der kann aussehen, so gut er will – er wird letztlich jeden Interessenten vertreiben. Auch solche Menschen habe ich in meiner Arbeit als Singleberater schon kennengelernt. Sie haben einen guten Job und sehen auch gut aus – und doch geht von ihnen eine Woge der Unzufriedenheit aus, die in Workshops alle umsitzenden Teilnehmer erfasst und sie unwillkürlich nach Abstand suchen lässt.

Vierte Regel: Schönheit liegt im Auge des Betrachters

Findet Thomas Barbara schön? Gute Frage. Sein Blick wanderte, als er zum Singlekochen kam, zunächst zu Anna-Marie und nicht zu Barbara. Barbara aber hat ihn gleich angesprochen, was ihm gefiel, weil sie ihm dadurch seine Scheu nahm. Bei der Verabredung im Restaurant war Barbara so locker und das Gespräch mit ihr so nett, und Barbara strahlte eine solche Heiterkeit und Gelassenheit aus, dass Thomas auf die Frage, ob Barbara gut aussieht, mit Unverständnis reagieren würde. Aber natürlich, und wie! Er mag sie und ihre Art, also findet er sie auch schön.

„Alles, was man mit Liebe betrachtet, ist schön", hat der Lyriker Christian Morgenstern einmal gesagt. Und deshalb entzieht sich Schönheit – trotz aller Bemühungen der Schönheitsforschung – in Wahrheit allen objektiven Tests. *Die Schönheit eines Menschen liegt zu einem großen Teil im Auge des Betrachters.* Und so wird manch ein Kandidat, der die optische Kontrolle mühelos übersprang, für die Lebensstellung an Ihrer Seite schon nach ein paar Minuten des Gesprächs wieder von der Liste gestrichen. Er hat seine Attraktivität eingebüßt. „Ich weiß auch nicht mehr, was ich an dem gefunden habe." Schönheit liegt eben im Auge des Betrachters. Im positiven wie im negativen Sinne.

Abweichung vom Gesetz der Ähnlichkeitswahl: die Größe

Wer vom Aussehen spricht, darf über die Körpergröße nicht schweigen. Kein anderer Punkt Ihres Aussehens hat einen so großen Einfluss auf die Partnerwahl wie dieser. Gilt sonst das Gesetz der Ähnlichkeitswahl, so ist bei der Größe alles anders. Die eherne Regel zwischen den Geschlechtern will es so: Männer sollen als Partner größer sein als Frauen.

Dieser Regel getreu zu folgen, ist beileibe keine Männerdomäne. Schließlich ist der Einfluss der Frau auf die Partnerwahl größer als der des Mannes. Die Frau wählt den Mann, und sie wählt bevorzugt den größeren Mann. Beinahe alle Frauen, die ich nach der Körpergröße eines zukünftigen Partners gefragte haben, verzogen allein bei dem Gedanken an einen gleich großen Mann entsetzt das Gesicht.

Diese Regel hat Folgen, für Männer wie für Frauen, allerdings jeweils nur für einen kleinen Teil. Sie erschwert die Partnersuche für kleine Männer – da es nur wenige noch kleinere Frauen gibt, die für sie in Frage kommen, und die zu finden ist schwer –, und sie erschwert die Suche für groß gewachsene Frauen – da es nur wenige noch größere Männer gibt, und die zu finden ist ebenfalls nicht einfach.

Kleine Männer und große Frauen müssen deshalb aber noch lange nicht verzweifeln. Sie müssen allerdings damit rechnen, länger und intensiver nach einem Partner oder einer Partnerin zu suchen. Große Frauen können sich das Leben allerdings leichter machen, wenn es ihnen gelingt, sich von dem Gedanken an einen deutlich größeren Mann zu verabschieden und auch gleich großen Gegenübern eine Chance zu geben. Schon dadurch steigt ihre Auswahl sprunghaft an. Gleiches gilt sinngemäß natürlich auch für kleine Männer. Beziehen sie auch gleich große Frauen in ihre Suche mit ein, haben sie umgehend eine erheblich größere Auswahl.

Konventionen haben eine lange Geschichte. Die Konvention, dass Männer größer sein sollen als ihre Partnerinnen, ist vermutlich schon einige hunderttausend Jahre alt. Männer sind – durchschnittlich – etwa sieben Prozent größer als Frauen. Ein größerer Mann versprach früher mehr Kraft, Energie, Überblick und Erfolg bei der Jagd. Deshalb wurde er von Frauen eher als Partner erwählt. Einen Sinn hat das alles heute nicht mehr. Und doch fällt es beiden Geschlechtern schwer, sich von dieser Regel zu lösen und neue Wege zu gehen. Am ehesten tun dies junge Paare, die sich nicht um die Konvention scheren.

Zweite Ebene: Bildung

Ein ähnliches Bildungsniveau ist für eine Beziehung von Vorteil. Die allermeisten Menschen wählen in dieser Hinsicht ähnlich. Abweichungen sind sehr selten. Das Problem dabei: Ein ähnlicher formaler Bildungsabschluss allein – zum Beispiel ein Hochschulabschluss – bürgt nicht für ein ähnliches Bildungsniveau. Denn die deutsche Frau hat – salopp gesprochen – Germanistik und vergleichende Kulturwissenschaft studiert, der deutsche Mann aber ist – wieder pauschal gesagt – Ingenieur. Und so finden die beiden oft nicht zueinander.

Bildung ist eben nicht gleich Bildung, sondern kann sehr unterschiedlich gelebt und verstanden werden. Während der eine in der Welt der hydraulischen Quradratkrümmung, der gekörnten Stahllegierungen oder der Gauß'schen Normalverteilung zu Hause ist, lebt die andere für interkulturelles Gender-Mainstreaming oder experimentelles Tanztheater. Das alleine wäre noch nicht so problematisch, wenn nicht *sie* die Nase rümpfen würde über hydraulische Quadratkrümmungen und *er* Gender-Mainstreaming ebenso ablehnen würde wie Tanztheater jeder Art.

Das zweite Problem: Sehr gebildet zu sein, verbessert die Chancen auf dem Markt der Partnersuche keinesfalls. Es ist wie mit der Köpergröße. Je gebildeter ein Mensch ist, desto seltener ist das passende Gegenüber. Ich habe einmal eine ungarische Evolutionsbiologin kennengelernt, die viele Jahre Single war und partout keinen passenden Mann fand. Sie lernte schließlich bei einer Gastprofessur in München einen Biologieprofessor kennen und lieben, der seinerseits aus Finnland kam. Die beiden unterhalten sich im Alltag auf Englisch. Ein sehr hohes oder eher spezielles Bildungsniveau hat also Rückwirkungen auf die Partnersuche. Die passende Partnerin, der passende Partner ist selten und entsprechend schwerer zu finden.

Dritte Ebene: Interesse

Gemeinsame Interessen sind häufig der Kitt, der ein Paar zusammenhält. Beide spielen leidenschaftlich gerne Tennis, schätzen klassische Musik und lieben lange Fernreisen – so etwas kann verbinden. Auf gemeinsame Interessen wird von Männern wie Frauen bei der Partnersuche gerne geachtet. Es ist aber auch einfach! Wir verstecken unsere Vorlieben ja nicht, sondern erzählen gerne und bereitwillig davon. Außerdem sind die jeweiligen Interessen ein unverfängliches Gesprächsthema und eignen sich gut für einen Flirt.

Barbara und Thomas haben schon bei ihrem ersten Gespräch ihre Interessen erwähnt. Beide waren schon im Museum of Modern Art. Beide interessieren sich also für moderne Kunst. Allerdings nicht übermäßig. Beide reisen gerne, durchaus auch in fernere Länder. Allerdings ist Thomas in den vergangenen Jahren immer öfter in der Nähe geblieben. Er hat das Kanufahren für sich entdeckt, und dafür reicht ihm die Mecklenburgische Seenplatte. Beide haben einen ähnlichen Musikgeschmack und gehen gerne ins Kino.

Ist es wichtig, dass Thomas eine Frau findet, die sein Interesse am Kanufahren teilt? Nein. Wer vor allem auf viele Übereinstimmungen im Bereich der Interessen achtet, geht mit seiner Partnerwahl schnell in die Irre. Die Bedeutung gemeinsamer Interessen für die Stabilität von Beziehungen wird von den meisten Menschen überschätzt. Partner, die nicht gut zueinander passen, können beim gemeinsamen Tennisspiel wütend aufeinander werden oder im Urlaub unaufhörlich genervt sein von den Eigenheiten des jeweils anderen. Gemeinsame Interessen sind also angenehm, garantieren aber noch keine glückliche Beziehung. Auch Paare mit unterschiedlichen Hobbys können sehr glücklich miteinander sein. Das ist jedenfalls das klare Ergebnis der Forschung. Allerdings begegnen Paare mit sehr unterschiedlichen Interessen den Vorlieben des anderen mit Respekt.

Vierte Ebene: Soziales Milieu

Passen ein niederbayerischer Pfarrerssohn und die Tochter einer ostfriesischen Verkäuferin als Paar zueinander? Keine Frage, das deutsche Fernsehen hätte seine helle Freude an dem Aufeinanderprallen so unterschiedlicher Welten. Das Happy End wäre selbstverständlich garantiert. Die Realität aber sieht anders aus. Dort finden sich solche Beziehungen nur sehr selten. Eine ähnliche Herkunft verbindet. Das gilt auch für die geografische Herkunft. Bei über 80 Prozent aller verheirateten Paare wurden die beiden Partner weniger als 30 Kilometer entfernt voneinander geboren. In Berlin erlebe ich dieses Phänomen immer wieder. Wer hier geboren und aufgewachsen ist, den zieht es zu Partnern, die ebenfalls hier aufgewachsen sind. Die Zugezogenen dagegen bevorzugen Zugezogene für eine Partnerschaft. Wenn also der Niederbayer und die Ostfriesin aus der dörflichen Enge in eine quirlige Großstadt wie Berlin gezogen sind und die beiden sich dort kennenlernen, dann passen sie schon viel besser zueinander. Immerhin haben beide aus ähnlichen Motiven eine ähnliche Lebensentscheidung getroffen. Und das verbindet.

Paare kommen oft aus einem ähnlichen Elternhaus. Beide Herkunftsfamilien waren zum Beispiel religiös geprägt, waren Kleinfamilien mit wenigen oder Großfamilien mit entsprechend vielen Kindern. Ähnlichkeit verbindet.

Dasselbe gilt für das soziale Milieu: Beide Partner kommen häufig aus einem ähnlichen sozialen Milieu, stammen zum Beispiel beide aus Elternhäusern der Mittelschicht und haben heute ihrerseits beide ein ähnlich gutes Einkommen. Leider gibt es auch in diesem Fall eine geschlechtsspezifische Abweichung von der Regel der Ähnlichkeitswahl: Die Konvention sieht vor, dass Männer mehr verdienen als ihre Partnerinnen und über einen höheren sozialen Rang verfügen. Wer hat sich das eigentlich ausgedacht? Das Leben wäre ohne diese Konvention erheblich leichter. In der Vergangenheit war das für die Partnersuche von Frauen allerdings noch kein Problem. Männer besetzten grundsätzlich ohnehin die aussichtsreichen Positionen, und einen solchen Mann zu finden war folglich recht einfach.

Überlisten Sie Ihr Beuteschema

Immer mehr Frauen haben seit den 70er-Jahren gute Bildungsabschlüsse erreicht und einen entsprechend erfolgreichen beruflichen Weg genommen. Für ihre Partnersuche bringt das leider erhebliche Nachteile mit sich. Warum finden diese erfolgreichen Frauen keinen geeigneten Partner? Keine Frage – das liegt an den Männern, die sich an kluge und erfolgreiche Frauen nicht herantrauen. Woran sollte es auch sonst liegen?

Der Münchner Arzt und Psychotherapeut Dr. Stefan Woinoff gibt eine ganz andere Antwort. In seinem Buch *Überlisten Sie Ihr Beuteschema* zeigt er, was Frauen selbst zu dem Problem beitragen – und das ist eine ganze Menge. Die allermeisten Frauen schauen nämlich ganz gezielt nach Männern, die mehr verdienen als sie und einen höheren Status haben – das ist, in Dr. Woinoffs Worten, ihr *Beuteschema*.

Nach diesem Schema verhalten sich Frauen auch dann, wenn sie selbst genug verdienen, um eine Familie durchzubringen. Und damit sitzen sie in der *Beuteschema-Falle*. Ranghöhere Single-Männer, die mehr verdienen, gibt es für sie nämlich nur sehr, sehr wenige. Und viele von ihnen schauen sich lieber bei den noch weniger verdienenden Frauen um. Der Oberarzt heiratet die Sekretärin – aber nicht die Chefärztin.

Was können Frauen in dieser Lage tun? Sollten sie vielleicht den Spieß umdrehen und nun ihrerseits nach Männern Ausschau halten, die eine deutlich schlechtere berufliche Position haben als sie? Theoretisch klingt das gut. Warum nicht einen weniger erfolgreichen Mann wählen, wenn erfolgreichere nur schwer zu bekommen sind? Die Erfahrungen, die Frauen mit solchen Beziehungen machen, sind in der Praxis jedoch sehr ernüchternd. Die wenigsten Männer und Frauen können damit gut umgehen. Große Statusunterschiede belasten das Selbstwertgefühl vor allem der Männer. Solche Beziehungen scheitern deshalb sehr häufig. Ich rate darum eher zur Gleichrangigkeit. Dabei muss ein Mann nicht zwingend genauso viel verdienen wie die Frau. Er sollte sich aber beruflich ähnlich erfolgreich fühlen oder ähnlich stark engagieren wie sie. Männer mit ähnlichem Status gibt es für erfolgreiche Frauen in wesentlich größerer Zahl. Schon wer gleichrangige Männer in Betracht zieht, erhöht seine Chancen auf dem Partnerschafts-Markt enorm. Der wichtigste Fallstrick bei der Partnersuche von gut verdienenden und gebildeten Frauen: Sie neigen meiner Erfahrung nach dazu, zu glauben, dass die Männer bei ihnen nur so Schlange stehen müssten, weil sie ja doch *sooo* attraktiv sind. Dabei übersehen sie, dass sie durch ihre gute Position, ihre gute Bildung und ihr gutes Einkommen ihre Vermittelbarkeit auf dem Markt der Partnerschaft nicht verbessert, sondern verschlechtert haben. Der für sie passende Mann ist schlicht sehr selten.

Aus dieser Erkenntnis folgen für mich drei Ratschläge. Der erste lautet: Suchen. Der zweite: Suchen. Und der dritte ebenfalls: Suchen. Wie heißt der schöne Spruch zur Frage „Wer ist das Wild und wer der Jäger?"? „Die Frau ist das einzige Wild, das seinem Jäger auflauert." Wer sich dagegen ausruht und auf den Märchenprinz wartet, der wartet erfahrungsgemäß vergebens – und verbittert mit der Zeit.

Es gibt noch eine weitere Möglichkeit, seine Chancen in der Liebe zu verbessern, ganz ohne eine Veränderung des Beuteschemas. Die Journalistin und Talkshowberühmtheit Sabine Christiansen hat es vorgemacht. Sie sieht gut aus, ist klug, verdient gut und ist zu allem Überfluss auch noch prominent. Wer das alles mitbringt, hat es bei der Partnersuche schwer. Wo bitteschön soll eine Frau wie Sabine Christiansen einen passenden Partner finden? Die Lösung, die sie gefunden hat, ist bestechend: Sie ist vor einiger Zeit zu ihrer neuen Liebe nach Paris gezogen. Sie hat einen Mann mit ähnlich hohem Status gefunden, indem sie *ihren Aktionsradius erweitert* hat.

Fünfte Ebene: Weltbild

Gemeinsame Überzeugungen und ein gemeinsames Weltbild gelten als die Basis einer jeden Partnerschaft. Sie verleihen einer Beziehung Stabilität. Sie fördern die Vertrautheit und reduzieren das Konfliktpotenzial. Ein ähnliches Weltbild ist eine große Hilfe, wenn es bei anderen Punkten keine Übereinstimmung gibt, etwa beim Alter oder dem sozialen Milieu. Die meisten Menschen wählen in Bezug auf das Weltbild ähnlich. Sie wollen keinen Partner, der George W. Bush für den besten Präsidenten der Vereinigten Staaten seit John F. Kennedy hält. Sie wollen keinen Partner, der ihre christlichen Überzeugungen nicht teilt oder ihre esoterische Weltsicht. Sie wollen einen Partner, der genauso leidenschaftlich wie sie selbst für ein energischeres Vorgehen gegen den drohenden Klimawandel eintritt und zur Frage der gleichgeschlechtlichen Ehe die gleiche Einstellung hat wie sie selbst.

Aber ist es für die Stabilität einer Beziehung zwingend notwendig, ein ähnliches Weltbild zu haben? Muss ein Paar also in wichtigen weltanschaulichen Fragen einer Meinung sein? Die Antwort der Wissenschaft ist eindeutig: Nein. Natürlich ist es angenehm, wenn ein Partner in politischen Fragen die gleiche Meinung hat oder zu moralischen Fragen dieselbe Einstellung. Es ist angenehm, jedoch für eine glückliche Partnerschaft nicht erforderlich. Wissenschaftliche Untersuchungen kommen jedenfalls zu dem Ergebnis, dass Partner mit unterschiedlichen Wertvorstellungen sehr zufrieden miteinander sind. Ihre Beziehung ist genauso stabil wie die von Partnern, die in Bezug auf das Weltbild ähnlich gewählt haben. Paare mit unterschiedlichen Weltbildern reagieren allerdings mit Respekt auf die abweichenden Überzeugungen des anderen. Und sie haben oft eine große Übereinstimmung im Bereich des Charakters.

Sechste Ebene: Charakter

Ach, was wäre die Partnersuche einfach, wenn wir nichts weiter zu tun hätten, als uns an den Kriterien *Aussehen, Bildung, Interessen, soziales Milieu* und *Weltbild* abzuarbeiten und dann eine Wahl zu treffen. Diese Wahl wäre rundum glücklich und die Paarharmonie wäre niemals von ehelichen

Zwistigkeiten oder boshaften Streitereien geprägt. Klingt das nicht wahrhaft paradiesisch? Leider aber sind alle bisher genannten Kriterien – so interessant und wichtig sie auch sind – beinahe unbedeutend, verglichen mit dem, was jetzt vor uns liegt: der Charakter.

Alle bisherigen Kriterien der Partnerwahl waren leicht zu erkennen. Ob ein Mensch ähnlich gut aussieht wie wir selbst, das sehen wir auf den ersten Blick. Ob er sich für ähnliche Dinge interessiert wie wir, das erfassen wir ebenfalls schnell. Auch ihren Wertehorizont verheimlichen die allerwenigsten: Manche Männer stellen ihn schon bei der ersten Verabredung in den Mittelpunkt und zeigen der Frau, die sie treffen, Fotos von ihrem Haus und ihrer Jacht. Sie demonstrieren damit, wie wichtig ihnen materielle Güter sind.

Die sechste Ebene dagegen, der Charakter des anderen, bereitet den meisten Menschen Schwierigkeiten. Ist er, ist sie ein Rechthaber oder ein eher gutmütiger Typ? Ein Pedant oder ein Chaot? Zuverlässig oder nicht? Das zu erkennen erfordert Geduld, Erfahrung und eine gehörige Portion Wissen vom Anderssein des anderen.

Jeder Mensch ist eine eigene Welt, sagt die Psychologie. In einer Partnerschaft begegnen wir einem anderen Charakter und damit einer anderen Welt. In einer Zweierbeziehung treffen gleichsam immer Mars und Venus aufeinander, Bewohner des einen Planeten auf Bewohner eines anderen. Zwei überaus populäre Annahmen über den menschlichen Charakter verstellen uns aber allzu leicht den Blick auf diesen Sachverhalt.

Die erste Annahme: Der andere ist wie wir. Dies ist die Grundeinstellung eines jeden Menschen. Es ist gleichsam unser Alltagsblick auf all die Menschen, denen wir Tag für Tag begegnen. Unser eigener Charakter, unsere eigene Welt, unser Planet, erscheint uns als so selbstverständlich – immerhin gehen wir ja auch schon einige Jahrzehnte ebenso erfolgreich wie selbstverständlich mit ihm durchs Leben –, dass es uns schwerfällt, zu berücksichtigen, dass andere Menschen eine ganz andere Sicht der Dinge haben, ein ganz anderer Charakter, eine ganz andere Welt sind. Der andere ist also gleichsam grundsätzlich vom Mars, während unser eigener Heimatplanet die Venus ist. Oder umgekehrt.

Die zweite Annahme: Männer und Frauen sind von unterschiedlichen Planeten. Der amerikanische Bestsellerautor John Gray hat mit seinen Büchern (u. a. *Männer sind vom Mars, Frauen von der Venus*) einige grundlegende Annahmen über die Probleme in Partnerschaften beschrieben, die ausgesprochen populär sind. Seine Annahmen über „die Männer" und „die Frauen" sind aus verschiedenen Gründen problematisch. Zunächst einmal fällt auf, dass die Probleme, von denen Gray spricht, auch in gleichgeschlechtlichen Partnerschaften auftauchen, Partnerschaften von Menschen also, die nach Grays Überzeugung vom gleichen Planeten stammen, sich also wunderbar verstehen müssten. Wie kommt es, dass sie unter den gleichen Problemen zu leiden haben wie gegengeschlechtliche Partner? Ganz einfach: Zwei Menschen kommen – psychologisch gesehen – grundsätzlich *immer* von verschiedenen Planeten, sind also eine eigene Welt.

Sodann ist festzustellen, dass es „die Männer" genauso wenig gibt wie „die Frauen". Männer wie Frauen können ausgesprochen unterschiedlich sein. Die von John Gray behaupteten Geschlechtsunterschiede entsprechen zwar landläufigen Vorstellungen von Geschlechtsrollen, die Forschung kann diese Unterschiede allerdings kaum je bestätigen.

Am Ende türmt sich die Annahme, dass Männer und Frauen nicht zueinander passen, wie ein Gebirge vor der Realität auf und verstellt uns den Blick darauf, dass zwei Menschen in aller Regel sehr verschieden sind, dass sie unterschiedliche Charaktere, eine eigene Welt sind. Dass zwei Menschen also mehr oder weniger immer vom Mars und von der Venus sind.

Der Wert der Beeinflussung

Die Partnerwahl ist im Kern die Wahl eines anderen Charakters. Ähnliche charakterliche Eigenschaften sind deshalb der Goldstandard bei der Partnersuche. Wen wir uns als Partner wählen, das ist auch deshalb so wichtig, weil eine Partnerschaft auf dem Prinzip der Beeinflussung beruht. Die große Nähe in einer Beziehung führt dazu, dass beide Partner sich vom jeweils anderen beeinflussen lassen. Sie schauen sich über die Jahre hinweg etwas bei ihm ab, passen ihre Verhaltensmuster einander an – und entwickeln sich dadurch auch als Person weiter.

Die Partnerwahl ist also in ihrem Kern die Wahl eines Menschen, von dem wir uns beeinflussen lassen möchten – und können! –, und der seinerseits bereit ist, sich von uns beeinflussen zu lassen. Diese Beeinflussung gelingt dauerhaft nur, wenn beide Partner charakterlich zueinander passen.

Irrwege der Partnerwahl

Wer sich schwer damit tut, den Charakter eines Menschen einzuschätzen, der versucht, sein Gegenüber anhand von erkennbaren Qualitäten einzuschätzen. Er versucht, nach den Kriterien *Aussehen, Bildung, Interessen, soziales* Milieu und *Weltbild* seine Entscheidung zu treffen. Ein hilfloses Vorgehen, wie ein Beispiel zeigt: Beinahe immer kommt die Wissenschaft zu dem Ergebnis, dass sich eine ähnliche Wahl auszahlt. Zu einem völlig anderen Resultat kommen aber Untersuchungen, bei denen der Kleidungsstil von Paaren ausgewertet wurde. Das überraschende Ergebnis: Ein ähnlicher Kleidungsstil trägt *nicht* zur Stabilität einer Beziehung bei. Partner, die gleich viel Wert auf Kleidung legen, sind nach einigen Jahren sogar mit einer höheren Wahrscheinlichkeit getrennt als Partner, die in diesem Punkt nicht übereinstimmen.

Ein Paar trennt sich natürlich nicht, *weil* beide einen ähnlichen Kleidungsstil haben. Wer sich aber bei der Partnerwahl von Äußerlichkeiten wie der Kleidung leiten lässt, der achtet weniger auf die inneren Übereinstimmungen. Statt die Grundfrage der Partnerwahl, *Wer passt zu mir?*, an entscheidenden Persönlichkeitseigenschaften festzumachen, bleibt er mit seinem Blick an der Oberfläche, an der Kleidung, und hofft hieraus auf den Menschen zu schließen und eine Antwort zu erhalten auf die Frage, ob der andere zu ihm passt – ein Trugschluss.

Die Forschung weist uns auf einen ganz anderen Weg: Am glücklichsten sind Paare, bei denen beide ähnliche Charakterzüge aufweisen. Beide sind ähnlich unternehmungslustig, ähnlich zwanghaft, ähnlich gesellig, ähnlich ordentlich oder ähnlich tüchtig. Nach diesen Ähnlichkeiten sollten wir bei der Partnersuche Ausschau halten – mit offenen Augen.

Vor der Ehe Augen auf!

„Vor der Ehe Augen auf, in der Ehe Augen halb geschlossen", rät ein arabisches Sprichwort. Schön wär's, kann man da nur entgegnen. Denn vor die offenen Augen hat die Natur die Verliebtheit gesetzt. Wir Menschen sind vor einer Bindung zunächst einmal in unser Gegenüber verliebt und damit nahezu mit Blindheit geschlagen. Bei diesem Ablauf hat die Natur sich etwas gedacht. Die Verliebtheit mit ihren Hormonkaskaden soll uns helfen, unsere natürliche Angst vor einer Bindung zu überwinden. Bis die Wirkung der Verliebtheitshormone nachlässt, waren früher bereits ganz andere Hormone am Werk. Die Partner waren in der Vergangenheit zu diesem Zeitpunkt schlicht schon Eltern geworden und mit der Sorge um den Nachwuchs beschäftigt – was ja bekanntlich bereits wieder für hormongesteuerte Glücksmomente sorgt. Das alles hat seinen Sinn: Menschenbabys sind im Vergleich zu Tierjungen absolut hilflose Wesen, die über viele Jahre auf Hilfe und Unterstützung angewiesen sind – von beiden Eltern.

Heute ist von diesem natürlichen Ablauf nicht mehr viel übrig. Kein Paar bekommt mehr automatisch Kinder, so wie die Natur es einmal vorgesehen hat. Endet die Phase der Verliebtheit, dann ist für viele Menschen auch schon Schluss, weil sie in „nüchternem" Zustand schnell zu dem Ergebnis kommen, dass der andere nicht zu ihnen passt. Sie schauen sich erneut um, finden den Nächsten, verlieben sich erneut und tauchen in die nächste Hormonwelle ein – bis zum nächsten Kater.

„Vor der Ehe Augen auf, in der Ehe Augen halb geschlossen" – wir sollen also genau hinschauen und bewusst wählen. Leider aber machen es die meisten Menschen genau umgekehrt. Sie halten die Augen beim Kennenlernen, also vor der Ehe, halb geschlossen, nachher aber, wenn die Beziehung zustande gekommen ist, reißen sie ihre Augen ganz weit auf – und sind entsetzt.

Was für ein Schlamassel!

Nachdenklich trottete Thomas nach seiner Verabredung mit Anna-Marie nach Hause. Was für ein Schlamassel! Sein Treffen mit Anna-Marie war nett gewesen. Aber genau das war ja das Problem! Der Abend mit ihr war genauso interessant, genauso entspannt und genauso toll gewesen wie der mit Barbara. Was nun? Wie sollte er mit der Situation umgehen? Thomas seufzte und rief Monika an. Monika war hellauf begeistert. „Aber so freu dich doch! Du klingst ja fast wie nach einer Beerdigung."

Monika traf den Nagel auf den Kopf. Thomas fühlte sich tatsächlich wie bei einer Beerdigung. Er hatte sich mit Barbara getroffen – und der Abend war super. Er hatte sich mit Anna-Marie getroffen – und der Abend war genauso super gewesen. Was sollte er jetzt tun? Einer von beiden musste er ja wohl absagen und damit eine zukünftige Liebe beerdigen, die er sich schon so lebhaft vorgestellt hatte. Die Frage war nur: Welcher?

„Ach Quatsch", sagte Monika. „Auf diese Weise hast du doch jetzt gleich zwei Chancen. Sieh es doch mal so: Du bist der Schütze beim Elfmeter und hast gleich zwei Versuche, den Ball ins Tor zu schießen. Ist doch klasse!"

Irgendwie hatte Monika ja recht. Doch leider fühlte Thomas sich eher wie ein ängstlicher Torwart, der einfach nicht weiß, in welche der beiden Ecken er sich mit vollem Elan werfen soll und so vor lauter Angst, einen Fehler zu machen, einfach stehen bleibt. So hatte er sich auch schon zu Beginn des Abends gefühlt. Anna-Marie war zunächst einmal zu spät gekommen. Thomas saß wie auf glühenden Kohlen und schaute unablässig auf die Uhr. Sie war bereits fünf Minuten zu spät. Sein Puls beschleunigte sich. Schweißperlen traten auf seine Stirn. Was, wenn sie nicht kam? Ihn einfach versetzte?

Fünf Minuten und zweiundvierzig Sekunden. Die Kellnerin kam und er bestellte rasch ein Mineralwasser. Vielleicht hatte er ja beim letzten Telefongespräch etwas Unpassendes gesagt. Er ging das Gespräch in Gedanken noch einmal genau durch. Aber da war nichts. Sieben Minuten und dreizehn Sekunden. Die Kellnerin brachte das Mineralwasser. Thomas stürzte es hinunter und wischte sich die dicken Schweißperlen von der Stirn. Wie lange wartet man bei so einer Verabredung? Zehn Minuten? Eine Viertelstunde? Er wusste es nicht. Sollte er zur Sicherheit Monika anrufen und sie um Rat fragen?

Acht Minuten und vier Sekunden. Das Mineralwasser gluckerte unangenehm in seinem Bauch. Er zog sein Handy aus dem Jackett und rief Monikas Nummer auf. Acht Minuten und dreiundvierzig Sekunden. Die Tür ging auf, er sah Anna-Marie aus dem Augenwinkel und drehte sich um. Da stand sie in der Tür mit hochrotem Kopf, die blonden Haare fielen wild durcheinander. Sie musste sich sehr beeilt haben. Ihr Blick war sehr schuldbewusst. Er aber fühlte sich mit einem Mal ganz leicht und entspannt, beinahe wie schwerelos. Sie war gekommen!

Ihr Lächeln! Sie kam an seinen Tisch, begrüßte ihn. Nun war sie es, die ein Mineralwasser brauchte. Thomas wusste, sie würde jetzt irgendwas zu ihrer Entschuldigung sagen. Aber wenn er sie so anschaute, brauchte er gar keine Entschuldigung. Er war so froh, dass sie da war. Sein Herz schlug wiederum schneller, diesmal aber vor lauter Freude.

Natürlich hatte sie einen guten Grund. Sie war schon in der Tür gewesen, als das Telefon klingelte. Sollte sie rangehen? Es konnte ja immerhin ein Anruf von Thomas sein, weil ihm irgendwas dazwischengekommen war. War es aber nicht. Stattdessen war es ihre Freundin Silvia. Silvia hatte Liebeskummer. Schon an ihrer Stimme hatte Anna-Marie erkannt, dass es sehr ernst war. Antonio hatte seine Sachen gepackt und war „zu einem Freund gezogen". Bei Silvias Pech mit Männern konnte das aber genauso gut heißen, das er schlicht eine Neue hatte.

Anna-Marie hatte Silvia zehn Minuten lang erzählen lassen, den Blick immer auf der Uhr. „Ich komme vorbei", versprach sie ihr schließlich, als sie merkte, dass Silvia wirklich völlig am Boden zerstört war und dringend ihren Beistand brauchte. Sie versprach ihr, in zwei Stunden bei ihr zu sein. „Ich muss noch mal ins Büro und komme dann zu dir", log

Anna-Marie die Freundin an. Sollte sie Silvia erzählen, dass sie gerade dabei war, zu einem Date zu fahren? Nein. Das war wohl keine gute Idee.

Thomas schaute Anna-Marie aufmerksam an, während sie ihre Geschichte erzählte. Sie sprach mit so viel Wärme von Silvia und gleichzeitig mit so viel Bedauern darüber, dass ihre Verabredung nun recht kurz ausfallen würde. Silvia versuchte es leider immer mit Männern, die nach Anna-Maries Überzeugung nicht zu ihr passten. So wie Antonio eben. Da Anna-Marie von Silvias Liebeskummer erzählt hatte, entspann sich zwischen Thomas und ihr schnell ein Gespräch, das sehr persönlich wurde. Sie erzählten sich von Liebesenttäuschungen und -hoffnungen, von Niederlagen, die sie erlitten und Lehren, die sie daraus gezogen hatten.

Irgendwann blickte Thomas Anna-Marie dann unvermittelt an und fragte: „Und wie sieht der Mann aus, der zu dir passt?" Anna-Marie nahm seinen Blick auf. Und spielte dann den Ball geschickt zurück. „Gute Frage", sagte sie leichthin. „Wie ist denn so die Frau, die zu dir passt?" Thomas guckte ein wenig ratlos.

Sie mussten beide lachen. Dann unterhielten sie sich noch eine Weile über das Passen und das Nichtpassen. Es war ein ungewöhnlich nachdenkliches Gespräch, das beide genossen. Urplötzlich sprang Anna-Marie auf. „Ich muss gehen", sagte sie mit Bedauern in der Stimme. Thomas war überrascht, denn er hatte schon seit längerem nicht mehr auf die Uhr geschaut. „Ruf mich an", sagte sie noch, dann war sie fort.

„Klingt doch spannend", sagte Monika voller Begeisterung, nachdem er ihr den Ablauf des Abends geschildert hatte.

„Zwei tolle Frauen die sich beide wieder mit dir treffen wollen. Ich würde dir raten: Triff dich weiter mit beiden. Ob Barbara oder Anna-Marie die Richtige ist, das brauchst du jetzt noch nicht zu entscheiden."

Später dann – Thomas lag längst im Bett – wanderten seine Gedanken immer wieder zu Anna-Marie. Der Abend war so ganz anders gewesen als alle Verabredungen zuvor. Sie hatten so wenig Zeit miteinander verbracht, und doch waren sie sich bei ihrem Gespräch sehr nahe gekommen. Er mochte die Art, wie sie auf seine Frage „Und wie sieht der Mann aus, der zu dir passt?" reagiert hatte. Er mochte das Gespräch über persönliche Vorlieben, Ziele und Abneigungen. Und er mochte es, dass Anna-Marie sich wirklich fragte, was für ein Mensch er war und ob er wirklich zu ihr passte.

Thomas kuschelte sich an sein Kissen und dachte an den Abschied von Anna-Marie, bei dem sich beide noch einmal in die Augen geschaut hatten. Er erinnerte sich an ihr wunderbares Lächeln beim Gehen und hörte sich sagen: „Klar rufe ich dich an!" Er war sich völlig sicher, sie würden sich wiedersehen.

Abschied vom Kontinent *Passen*

Wir sind wieder am Flughafen von *Passen*. Wenn ich Sie so von der Seite betrachte, wie Sie leichten Schrittes neben mir her zum Check-in-Schalter gehen, kommen Sie mir beschwingt vor. Vielleicht freuen Sie sich darüber, dass Sie sich von einigen Reiseutensilien verabschieden konnten, die Sie bislang für unentbehrlich gehalten hatten? Beispielsweise von der festen Annahme, dass, wer nicht tadellos aussieht, auf dem Marktplatz der Möglichkeiten in Sachen Partnerschaft ohnehin fast chancenlos sei. Ganz schön sperrig und gewichtig, solche vermeintlichen Überzeugungen! Wie schön, dass Sie diese Last nun nicht mehr in Ihrem Koffer haben.

Vermutlich sind Sie auch ein bisschen stolz, nun zur kleinen Gruppe derjenigen zu gehören, die diesen weitgehend fremden Kontinent bereist haben. Alle diejenigen, die das vor Ihnen gemacht haben, berichten übrigens, dass die Reise durch die Landschaften von *Passen* in ihnen das Gefühl für das Wesentliche gestärkt habe, das, worauf es wirklich ankommt. Durchaus möglich also, dass Ihr Reisegepäck in Sachen Partnersuche in Zukunft noch überschaubarer wird und Sie mit einer handverlesenen Auswahl von Erkenntnissen, echten Überzeugungen und Zielen unterwegs sind. Sie wissen ja: Weniger ist mehr …

Teil 4: Menschenkenntnis

Der Kontinent *Menschenkenntnis* ist mittelgroß, etwa so groß wie Europa. Er scheint uns wohlvertraut zu sein. Hier kennen wir uns aus – glauben wir. Wir meinen zu wissen, wie die anderen Menschen sind, „der" Italiener oder „die" Französin. Aber Hand aufs Herz: Was wissen wir wirklich von ihnen?

„Wenn es um Menschenkenntnis geht, ist der Irrtum der Normalfall", sagt der Pressesprecher von *Menschenkenntnis*. Nachdenklich streicht er sich über den grau melierten Bart. „Menschen irren bekanntlich oft, aber in der Regel sind sie in der Lage, aus ihren Fehlern auch zu lernen. Bei der Menschenkenntnis fällt ihnen das unglücklicherweise sehr schwer."

Wollen wir doch mal sehen, ob sich das nicht ändern lässt! Fehler zu machen, das alleine ist nicht bedenklich. Aus Fehlern nicht zu lernen, das aber ist gefährlich.

Beim nächsten Mann wird alles anders

Nachdenklich fährt Anna-Marie zu Silvia. In Gedanken ist sie noch bei Thomas und dem wunderbaren Abend, den sie zusammen verbracht haben. Als sie von der Schnellstraße in Silvias Viertel abbiegt, wandern ihre Gedanken zu ihrer Freundin und deren Liebeskummer. Silvia hat Liebesprobleme, seit sie sich kennen. Eigentlich also schon immer. Alle paar Monate, äußerstenfalls aber zwei Jahre, kommt bei ihr ein neuer Mann ins Haus, von Silvia anfangs enthusiastisch gelobt und gepriesen. Der Absturz folgt dann in schöner Regelmäßigkeit. Silvias Männer sind allesamt unzuverlässig und zu einer ernsthaften Bindung nicht bereit. Manche sind wirklich nett. So wie Antonio. Andere sind echte Ekelpakete. Es sind immer Männer, die ihr Leben nicht auf die Reihe bekommen und das auch gar nicht ernsthaft versuchen. Sie jobben mal hier, mal da. Sie leben in den Tag hinein. Eigentlich leben alle von Silvias Geld, leeren ihren Kühlschrank und plündern ihr Weinregal. Und wenn es ganz schlimm kommt – und es kommt bei Silvia oft ganz schlimm –, dann brauchen sie auch noch Geld. Doch Silvia hat dafür immer eine Entschuldigung.

„Aber Antonio ist Künstler!", hatte Silvia empört zu Anna-Marie gesagt, als die ihr einmal Vorhaltungen machte. Eines von Antonios „Ausstellungsprojekten" war gescheitert, und da konnte sie ihn doch nicht im Regen stehen lassen. Und so zog Antonio gleich ganz bei Silvia ein – „ist einfach billiger". Außerdem hatte sie ihm noch 3.000 Euro geliehen, damit er über die Runden kam. „Ich liebe ihn doch", fügte sie hinzu.

Anna-Marie hält Antonio nicht für einen Künstler – für einen Lebenskünstler schon eher, einen äußerst charmanten Lebenskünstler, der seine Silvia gerne mit seinen Kochkünsten verwöhnt, wenn ihm gerade danach ist. Wenn sie ihn aber dringend braucht, etwa weil sie in ihrem Beruf als Lehrerin gerade einmal sehr viel Stress mit Schülern oder Eltern hat, dann ist Antonio garantiert unauffindbar.

Antonio hat Silvia ihre Unterstützung nicht gedankt – auch das hat Anna-Marie kommen sehen. Als das Geld aufgebraucht war, ist der Zugvogel Antonio ins nächste gemachte Nest davongeflogen. Und Anna-Marie kümmert sich um Silvias gebrochenes Herz.

Anna-Marie biegt in Silvias Straße ein. Sie will ihre Freundin von ihrem Männertick abbringen. Aber wie? Sie hat viel gelesen in letzter Zeit. Über Partnerschaft, über Partnersuche, über den menschlichen Charakter. Es muss doch einen Weg geben. Warum nur versagt Silvias Menschenkenntnis immer wieder so sehr?

Anna-Marie glaubt schon lange nicht mehr, dass Silvia ohne eigenes Zutun an solch unzuverlässige Männer gerät. Für sie ist es offensichtlich, dass Silvia regelrechte Antennen für diesen egoistischen und verwöhnten Männertyp hat.

Anna-Marie parkt den Wagen vor Silvias Haus. Nachdenklich schaut sie hoch zu Silvias Fenster. Silvia handelt so, weil ihr eigener Charakter ihr eine solche Wahl als aussichtsreich erscheinen lässt – allen gegenteiligen Erfahrungen in der Vergangenheit zum Trotz. Wie heißt doch gleich dieser bekannte Film zum Thema Partnerwahl? Richtig: *Beim nächsten Mann wird alles anders*. Schön wär's! Wenn da eben nur nicht der menschliche Charakter und seine Tücken wären!

Wie der menschliche Charakter entsteht

Der Charakter ist unser Schicksal. Er ist unsere ganz persönliche Art, die Welt zu sehen und mit ihr umzugehen. Er formt sich bereits, wenn wir noch fest davon überzeugt sind, dass wir später einmal Vater oder Mutter heiraten werden oder aber enttäuscht festgestellt haben, dass wir sie uns als Partner nicht vorstellen können. Er entsteht bereits in der Zeit zwischen dem vierten und sechsten Lebensjahr. Danach bleibt unser Charakter weitgehend stabil. Das bekommen all diejenigen deutlich zu spüren, die Details ihres eigenen Charakters gerne verändern wollen. Menschen also, die etwa versuchen, pünktlicher zu sein oder ordentlicher oder sich seltener Sorgen zu machen – allesamt Verhaltensweisen, die sich erfahrungsgemäß nur sehr schwer verändern lassen.

Die Macht der sozialen Vererbung

Früher dachte man, der Charakter eines Menschen sei biologisch festgelegt und damit vererbt. Wie anders sollte man es sich auch erklären, dass ein jähzorniger Vater häufig jähzornige Söhne hat und die Kinder eines Alkoholikers in späteren Jahren oft ebenfalls dem Alkohol zugetan sind? Die Tiefenpsychologie hat die Vorstellung der genetischen Vererbung des menschlichen Charakters ins Wanken gebracht. Heute wissen wir, dass viele menschliche Eigenschaften und Verhaltensweisen zwar genetischen Einflüssen unterliegen, dass die entscheidende Größe für die Weitergabe von einer Generation an die nächste aber die *soziale Vererbung* ist. Eine Vielzahl von sehr unterschiedlichen Verhaltensweisen können sozial vererbt, also alleine über den Kontakt mit den wichtigsten Bezugspersonen von einer Generation zur nächsten weitergegeben werden: der Hang zur Pünktlichkeit; die Vorliebe für Erdbeereis; das Ziel, Beamter zu werden; die Liebe zu einer bestimmten Automarke oder der Wunsch, sich später einmal mit einer Firma selbstständig zu machen.

Ein Kind lernt zunächst einmal durch die Nachahmung der Eltern und bildet an ihnen seinen Charakter aus. Es nimmt sie sich – ob sie es wollen oder nicht – in vielen Belangen als Vorbild. Das Kind lernt sodann durch Bestätigung und Ablehnung durch die Eltern. Manche Tiefenpsychologen, wie etwa der berühmte amerikanische Psychiater Harry Stack Sullivan, sehen hierin die wesentlichen Anstöße zum Bau des menschlichen Charakters. Was die Eltern bejahen, wird in den Charakter positiv integriert. Was sie ablehnen, wird ebenfalls Teil des Charakters – als Abzulehnendes. Wir nehmen all dies aus unserem Elternhaus mit und tragen es hinaus in die Welt.

Unsere inneren Drehbücher

Der Charakter ist unser Schicksal. Diese Erkenntnis haben viele berühmte Tiefenpsychologen in immer neuen Formen vertreten.

Sigmund Freud sprach vom *Wiederholungszwang* des Menschen. Demnach neigen Menschen dazu, Situationen ihrer Kindheit im späteren Leben ganz ähnlich wiederherzustellen, immer verbunden mit der Hoffnung, dass es diesmal aber besser ausgehen möge als damals.

Alfred Adler benutzte den Begriff des *Lebensstils.* Der Lebensstil führt nach seiner Überzeugung dazu, dass ein Mensch auch als Erwachsener dem Leben in genau derselben *Gangart* begegnet, die er sich als Kind angeeignet hat.

Die Transaktionsanalyse schließlich spricht vom *Skript* eines Menschen, einer Art Drehbuch also. Einmal geschrieben, wird dieses Drehbuch immer wieder wort- und gestengleich durchgespielt.

Stellen Sie sich vor, jede neue Verfilmung des Kinoklassikers *James Bond* würde immer und immer wieder nach exakt dem gleichen Drehbuch verfilmt wie schon der erste James Bond, der 1962 unter dem Titel *Dr. No* in die Kinos kam. Eine absurde Vorstellung! Immer wieder führen die Produzenten dieses cineastischen Dauerbrenners moderne Elemente in die Handlung ein, und auch die Figur des Agenten 007 wird regelmäßig modifiziert. Der alte Stoff wird an die veränderten Realitäten angepasst. Neue Schauplätze der Handlung werden ins Bild gerückt. Neue technische Hilfsmittel erlauben es dem Geheimagenten Ihrer Majestät, sich aus verzwickten, scheinbar ausweglosen Situationen zu retten. Neueste Automodelle sichern die glückliche Flucht.

Genau diese *Realitätsanpassung* aber unterbleibt bei den inneren Drehbüchern, die wir für unser Leben verwenden. Die Krux dabei: Unsere Drehbücher sind zu einer Zeit entstanden, in der wir von der Liebe und Zuwendung unserer Eltern sehr abhängig waren. Manche Kinder sehen nur eine Chance, genug Aufmerksamkeit und Zuwendung zu bekommen: Dann nämlich, wenn sie immer pflegeleicht und lieb sind und niemals Probleme machen. Andere entdecken Krankheiten als einen guten Weg, umsorgt und beachtet zu werden. Wieder andere erlangen die nötige „Zuwendung" ihrer Eltern durch unaufhörliche Aufsässigkeit oder Quengeleien. „Besser negative Beachtung als gar

keine", lautet ihre Devise. So schreibt jeder von uns als Kind
sein Beziehungs-Skript. Oder genauer gesagt, seine beiden
Beziehungs-Skripte. Eines entsteht aus dem Verhältnis zum
Vater, das andere aus der Beziehung zur Mutter. Später dann,
als Erwachsene, benutzen wir diese Skripte weiterhin, ganz
so, als wären die Bedingungen unseres Lebens im Großen
und Ganzen gleich geblieben.

„Um noch einmal den Vergleich mit James Bond zu bemühen", sagt der Pressesprecher von *Menschenkenntnis*. „Es ist,
als benutzten wir das Drehbuch aus dem Jahr 1962, aus der
Zeit des tiefsten Kalten Krieges, und verwendeten es für die
Welt des 21. Jahrhunderts. Was für ein gefährlicher Irrtum!"
Die mangelnde Realitätsanpassung des menschlichen Charakters führt nicht immer zu so gravierenden Problemen
wie bei Silvia. Nicht alle Menschen haben in ihrer Kindheit
Skripte geschrieben, die ihnen später eine dauerhafte Partnerschaft unmöglich machen. Skripte, die sie immer aufs
Neue ihre Hoffnungen auf unpassende Partner richten lassen. Manche haben vielleicht nur Drehbücher verfasst, die
sich in Partnerschaften als schwierig erweisen.

Wir alle aber haben solche Skripte verfasst, auch wenn uns
das kaum oder gar nicht bewusst ist. Die Existenz unserer
inneren Drehbücher und ihre mangelnde Anpassung an die
veränderten Bedingungen unseres Lebens – das ist nur die
eine Hälfte des Problems, vor das uns unser Charakter stellt.
Die zweite: In der Regel kennen wir diese inneren Drehbücher nicht einmal. Wir wissen schlicht nicht, dass unser
Verhalten als Erwachsene einer solchen Vorlage aus einem
vergangenen Lebensabschnitt folgt, einem Lebensabschnitt,

von dem wir annehmen, dass wir ihn weit hinter uns gelassen haben.

So ist es auch bei Silvia. Silvia hat ganz offensichtlich keine Ahnung, dass sie in ihrem Verhalten gegenüber Männern einem festen Muster folgt. Sie leidet nur darunter, dass ihr Charakter ein ums andere Mal denselben zweifelhaften Männertyp als Lebenspartner für geeignet hält.

Gibt es Kriterien dafür, wer zu mir passt?

Die Psychologie hat sich in allen ihren Schulen des Themas „Charakter" angenommen, und jede dieser Schulen hat die ihr eigene Lehre von der Entwicklung des Charakters entwickelt. Mit Hilfe dieser Charakterologien versuchen Familientherapeuten, Psychoanalytiker, Neopsychoanalytiker, Gestalttherapeuten oder Analytische Psychotherapeuten, Menschen und ihr Verhalten auf bestimmte Grundmuster zurückzuführen. Viele dieser Charakterologien sind anregend und bieten spannende Einblicke in das Wesen des Menschen. Für die Partnersuche ist dieses Wissen enorm wichtig.

Seit etlichen Jahren berate ich Singles, die ernsthaft nach einem Lebenspartner suchen. Dazu muss ich sie und ihren Charakter einschätzen. Ebenso lange schon kommen Menschen zu mir, nachdem sie einen Mann oder eine Frau kennengelernt haben, und erzählen mir von der oder dem Betreffenden. Anschließend wollen sie meine Meinung hören. Sollen sie sich auf eine Beziehung einlassen? Ist der Andere als Partner geeignet? Passt er zu ihnen? Um auf diese Fragen eine Antwort geben zu können, habe ich aus der Fülle der Charakterologien, die die Psychologie uns bietet, eine Reihe von Kriterien entwickelt, die es mir erlauben, einen Menschen und damit auch seine Eignung für eine Partnerschaft einzuschätzen.

Solche Voraussagen sind selbstverständlich nicht unfehlbar. Jede dieser Annahmen muss in aller Vorsicht erfolgen und kann überraschende Wendungen nehmen. Und doch haben sich die folgenden sechs Kriterien in der Beratung sehr bewährt. Sie sind wie Landkarten für die Länder des Kontinents Menschenkenntnis. Starten wir also unsere Reise durch den Kontinent der Menschenkenntnis. Beginnen wir mit der Landkarte des Landes *Arbeit*.

Die Arbeit

Angenommen, Sie rufen mich an, weil Sie einen sehr interessanten Mann kennengelernt und sich einige Male mit ihm getroffen haben. Sie sind aber noch sehr unsicher und wollen nun meine Meinung hören. Leider erwischen Sie mich zwischen Tür und Angel. Mein Zug geht bald, und ich muss in spätestens zehn Minuten aus dem Haus. Welche Fragen, glauben Sie, werde ich Ihnen in dieser Situation stellen? Werde ich Sie nach den Interessen des Mannes fragen? Nach seinem Alter? Oder wie Ihnen sein Aussehen gefällt?

Nein. All das werde ich nicht tun. Ich werde Sie auch nicht fragen, ob er Ihre Vorliebe für moderne Kunst teilt oder Ihre Begeisterung für das Salsa-Tanzen. Wenn ich einen Menschen beurteilen soll und nur ganz wenig Zeit habe, um mir eine Meinung zu bilden, dann wird meine erste Frage immer lauten: *Was macht er beruflich?* Was also hat er gelernt? Was macht er heute?

Nicht anders sieht es aus, wenn Sie, deprimiert von Ihrer letzten Partnerschaft, zu mir kommen und verstehen wollen, was da eigentlich schiefgelaufen ist. Die wichtigste Frage lautet auch hier: Was machte er, was machte sie beruflich?

Sigmund Freud, der Begründer der Psychoanalyse, hat über den Menschen einmal gesagt, er müsse *arbeiten können* und er müsse *lieben können*. Das ist eine sehr überschaubare Kennzeichnung des menschlichen Charakters. Alfred Adler sah die Lebensaufgaben des Menschen ganz ähnlich. Mit seinem Begriff des Lebensstils wies er außerdem darauf hin, dass sich die Gangart eines Menschen durch alle seine Lebensäußerungen zieht. *Der Mensch gibt seinen Charakter zu erkennen durch alles, was er tut.* Einer der wichtigsten Lebensbereiche ist die Arbeit. Wie ein Mensch sich ihr gegenüber verhält, *welche* Wege er geht und *wie* er sie geht – das alles verweist auf seinen Charakter und gibt uns deshalb Aufschluss darüber, wie er als Partner sein wird und ob er sich überhaupt als Partner für uns eignet.

Venus trifft Pluto

Zurück zu Silvia: Silvia hat einen sehr anstrengenden Beruf. Sie geht ihm allerdings auch mit großer Befriedigung nach. Lehrerin zu sein war schon immer ihr Traum. Silvia wollte Grundschullehrerin werden, so lange sie nur denken kann. Sie hat schnell studiert, gerne und viel gelernt und war die

Beste ihres Jahrgangs. Ihr Ehrgeiz, die ihr anvertrauten Kinder zu fördern und in die Welt des Wissens einzuführen, kennt kaum Grenzen. Manchmal eckt sie deshalb sogar bei Eltern oder bei Kollegen an, die das nicht genauso wichtig finden wie sie.

Antonio dagegen, Silvias Verflossener, hat in Granada drei Semester Geografie studiert – lustlos und ohne eine Ahnung, was er einmal werden wollte. Später hat er hier und da beim Aufbauen von Kunstausstellungen gejobbt und selbst auch ein paar Bilder gemalt. Bei einem Urlaub in Deutschland dann entschloss er sich zu bleiben, und zwar in Berlin. Warum? Das könnte Antonio nicht sagen. So ziel- und richtungslos ist Antonios Leben noch heute. Er hat auch nicht vor, das zu ändern. Er genießt es, frei und ohne Verpflichtungen zu sein.

Die große Gegensätzlichkeit von Silvia und Antonio in Bezug auf die Arbeit springt ins Auge. Ihr liegt eine ausgeprägte Gegensätzlichkeit auch im Charakter zugrunde. Nach den Regeln der Ähnlichkeitswahl sind Männer wie Antonio für Silvia ein krasser Missgriff. Antonio passt zu einer Frau, die ähnlich in den Tag hinein lebt wie er und sich vom Leben treiben lässt, ohne allzu großen Ehrgeiz.

Silvia hingegen würde mit einem Mann harmonieren, der ähnlich zielstrebig ist wie sie. Er muss ja nicht genauso stark wie sie alle anderen Lebensbelange dem Beruf unterordnen. Denn einen Haken hat Silvias berufliches Engagement schließlich auch: Sie kann schlecht lockerlassen. Sie kommt schwer zur Ruhe. Als Lehrerin könnte sie unablässig noch mehr arbeiten. Sie könnte noch eine Unterrichtseinheit vorbereiten, ein Buch über Didaktik lesen oder sich Gedanken über einen schwierigen Schüler machen. Manchmal hat sie deshalb sogar Probleme einzuschlafen, und vor zwei Jahren hat sie einen Bandscheibenvorfall gehabt. Ihr Ehrgeiz ist also auch eine Belastung für die 37-Jährige.

Vielleicht ist auch das mit ein Grund, warum Silvia schon die Vorstellung schockiert, einen Mann mit einer ähnlichen Arbeitseinstellung zu wählen. Silvia will keinen Mann, der ähnlich ist wie sie. Sie will sich durch ihre Partnerwahl komplettieren. Also wählt sie Partner, die es mit der Arbeit nicht so genau nehmen – und scheitert mit ihnen ein ums andere Mal. Verwunderlich ist das nicht. Denn Silvia zieht für eine Partnerschaft nur Männer in Erwägung, die ihrer eigenen, sehr ehrgeizigen Gangart, ihrem inneren Drehbuch, diametral entgegengesetzt sind. Sie wählt Männer, die nicht etwa nur vom Mars sind, sondern solche, die vom fernsten Planeten unseres Sonnensystems stammen, dem Pluto.

Unterschiedliche Tüchtigkeit

Eine Erfahrung, die ich bei der Beratung immer wieder mache, lautet: Einen Gegensatz im Bereich der beruflichen Tüchtigkeit verträgt eine Partnerschaft besonders schlecht. Zumeist kommen beide Partner damit auf Dauer nicht gut zurecht. Das hat Silvia mit allen ihren Männern so erlebt. Einige – wie Antonio – haben ihre strenge Arbeitshaltung nur belächelt. Andere Männer sprachen schon bald abfällig von ihr, stichelten, wenn sie schlecht einschlafen konnte und wurden pampig, wenn sie sich am Wochenende noch einmal an den Schreibtisch setzen wollte. Mit einem Wort: Ihnen fehlte der Respekt gegenüber Silvias Art, die Dinge anzugehen. Ein Mangel an Respekt aber ist für eine Partnerschaft sehr gefährlich. Der bekannte amerikanische Partnerschaftsforscher John Gottman spricht in diesem Zusammenhang von einem *apokalyptischen Reiter*. Ein Mangel an Respekt verwüstet wie ein apokalyptischer Reiter die ehemals blühende Landschaft einer jungen Liebe.

Doch damit nicht genug. Das Problem des mangelnden Respekts war in Silvias Partnerschaften stets gegenseitig. Denn auch Silvia kam mit der von ihr gewünschten „lockeren" Arbeitsmoral ihrer Partner nur schwer zurecht. So ging sie zu Anfang ihrer Beziehung zu Antonio davon aus, dass er einfach nur mehr Unterstützung brauchte, um endlich den Durchbruch als Künstler zu schaffen. Doch nach und nach blieb auch ihr nicht verborgen, dass er wenig dazu beitrug, um erfolgreich zu sein. Hinzu kam, dass sie ganz selbstverständlich die Hausarbeit erledigte, nachdem er bei ihr eingezogen war. Sie wusch die Wäsche, putzte, räumte auf und machte tagtäglich den Abwasch. Antonio kochte – wenn ihm danach war.

Silvias Respekt vor Antonio ließ auf diese Weise stetig nach. Immer öfter wurde sie ungehalten und ärgerlich. Auch sie ließ am Ende dem „apokalyptischen Reiter" des mangelnden Respekts die Zügel schießen. Antonio hat dieses Verhalten von Silvia schnell richtig gedeutet. Und er hat seine Schlüsse daraus gezogen. Seit Wochen schon ist er zu jeder Ausstellungseröffnung gegangen und hat dort die Augen offen gehalten. Nicht ohne Erfolg. Manchmal hat er interessierte Blicke von Frauen aufgefangen, ein anderes Mal registrierte er ein aufmunterndes Lächeln. Immer sprach Antonio die jeweilige Frau dann auch an. Nicht sofort, nein, dazu ist er viel zu geschickt. Er ging zunächst einmal in einen anderen Teil der Ausstellung und ließ fünf bis zehn Minuten verstreichen, bevor er sich ganz zwanglos neben die Betreffende stellte und sie ansprach. Und so begann ein Flirt. Am Ende hat er auf diese Weise Marina kennengelernt.

Verschiedene Arbeitstypen

Antonio und Silvia sind Extreme. Dazwischen gibt es ein weites Feld an unterschiedlichen Einstellungen zur Arbeit und zu beruflichem Erfolg. Und mehr als das: Es gibt auch unterschiedlich gerade und verschlungene Wege, die zu den jeweiligen Zielen führen. Der eine ist ein Schnellläufer, der zielstrebig Schule, Ausbildung und beruflichen Aufstieg hinter sich bringt. Andere erkennen erst spät, wo ihre eigentlichen beruflichen Neigungen liegen.

So war es auch bei Ania (34), einer Buchhändlerin, die gerade ein Studium der Literaturwissenschaft aufgenommen hat. Ihr Freund Max ist einige Jahre älter als sie, hat nichts gelernt und arbeitet als Fahrer für einen Prominentenfahrdienst. Ania ist sehr an Bildung interessiert. Sie will sich beruflich weiterentwickeln – unbedingt. Max hingegen freut sich über das Geld, das er verdient – nicht viel, aber ihm reicht es – und hat keinerlei Ambitionen, mehr aus sich zu machen. Wozu denn auch bitteschön!

Das ist sein gutes Recht. Allerdings passen zu ihm dann Frauen, die wie er wenig gelernt und erreicht haben. Zu

Ania hingegen passt ein Partner, der wie sie nach einer ersten Ausbildung zu der Erkenntnis gekommen ist: Das kann ja wohl nicht alles gewesen sein. Und der dann – wie sie – einen weiteren Bildungsabschluss ins Auge gefasst hat.

Was tun bei Arbeitslosigkeit?

Einen Partner suchen oder nicht suchen? Das ist die Frage, die viele umtreibt, die arbeitslos werden und Single sind. Die meisten Singles, die arbeitslos werden, kümmern sich in der Folge nicht um die Partnersuche. Sie sehen stattdessen zu, dass sie beruflich wieder festen Boden unter die Füße bekommen. Sie brauchen ihre Energie für die berufliche Neuorientierung. Das gilt vor allem für Männer, die ohne die feste Basis einer bezahlten Arbeit kaum je auf Partnersuche gehen.

Selbstverständlich ist dies aber kein Naturgesetz. Wie immer hängt es von unserer Einstellung ab. Auch wer keine – bezahlte! – Arbeit hat, kann auf Partnersuche gehen. Warum denn auch nicht! Allerdings gilt auch hier, dass unsere Ausstrahlung einen großen Teil unserer Attraktivität ausmacht. Wer unter der Arbeitslosigkeit sehr leidet, der hat tatsächlich schlechte Karten bei der Suche nach einem Lebenspartner. Wen die Tristesse der erlittenen Niederlage umweht, der erscheint eben nicht als eine gute Wahl. Er ist deshalb möglicherweise besser beraten, sich darauf zu konzentrieren, zunächst einmal im Bereich der Arbeit zufriedener zu werden, bevor er die Partnersuche wieder aufnimmt.

Wer über 50 Jahre alt ist, dem kann es in unserer schnelllebigen und jugendfixierten Zeit leicht passieren, dass er keine Arbeit mehr findet. Da hilft die Suche nach einer neuen Arbeitsstelle nur bedingt. Wer für längere Zeit ohne Arbeit ist, der sollte vor allem darauf achten, dass er nicht die Freude am Leben verliert. Den meisten Menschen gelingt das am besten, wenn sie sich eine unbezahlte Arbeit suchen, die ihnen Spaß und Freude bereitet. Ob das die Hausaufgabenbetreuung von Kindern ist oder die Arbeit mit Senioren, spielt keine Rolle. Wichtig ist, dass Sie am Morgen wissen, wozu Sie aufstehen.

Resümee

Welchen Beruf ein Partner, eine Partnerin hat, ist für eine Beziehung nicht einerlei. Bedenken Sie immer: Ein Mensch besteht zwar nicht aus seinem Beruf, die Arbeit macht aber den größten Teil der Tagesstunden aus. Sie prägt ihn deshalb auch tiefgreifend. Die unterschiedlichen Antworten, die Menschen auf die Berufsfrage gefunden haben, sagen immer auch etwas über ihren Charakter aus und damit über die Familie, aus der sie kommen und in der ihr Charakter sich entwickelt hat.

Meiden Sie Ungleichgewichte im Bereich der beruflichen Tüchtigkeit. Achtung und Respekt für die beruflichen Leistungen des Partners oder der Partnerin sind unabdingbar für eine gelingende Beziehung. Fehlen diese, dann zermürbt das die Liebe auf lange Sicht beinahe immer. Eine häufige Folge: Anhaltende Kritik des unterlegenen Partners. So ist es auch bei Ania und Max. Max rächt sich auf seine Art für Anias Überlegenheit im beruflichen Bereich. Immer wieder hat er an Anias Kleidung etwas auszusetzen, macht Vorschläge, wie sie „etwas peppiger" aussehen könnte. Wenn sie dann sauer ist, versteht er die Welt nicht mehr. Er hat doch nur versucht, ihr zu helfen, mehr aus sich zu machen. Vorschläge, wie er mehr aus sich machen könnte, würde er sich selbstredend verbitten!

Nicht zwingend notwendig, aber angenehm und hilfreich ist ein ähnlicher beruflicher Entwicklungsweg. Besonders zielstrebige Menschen, die schon immer wussten, was sie werden wollen, passen gut zu ebenso zielstrebigen Menschen. Wer etwas Zeit gebraucht hat, um über Um- und Seitenwege zu seiner Berufung zu finden, passt seinerseits zu anderen, die Ähnliches erlebt haben.

Die Herkunftsfamilie

Früher war alles ganz einfach: Da verabredete der Müller mit dem Schmied, dass seine Tochter dessen Sohn heiratet. Auch die Mitgift der Braut wurde bei dieser Gelegenheit geregelt. Heute sind die Verhältnisse etwas komplizierter. Nicht nur, dass die Berufe des Müllers und des Schmiedes sehr selten geworden sind, auch das Verabreden der Hochzeit durch die Eltern ist etwas aus der Mode gekommen. Die Familien reden den Liebenden nur noch in Ausnahmefällen hinein. So sind die modernen Zeiten. Es herrscht das romantische Ideal von der Liebe, die alle Hindernisse überwindet. Nur die Liebe zählt. Und wo sie hinfällt, da gelten weder Familienbande noch Elternwille.

Leider nur wurde bei alledem auch alles Wissen über das Zueinander-Passen von unterschiedlichen Elternhäusern einfach über Bord geworfen. Nur die Liebe zählt? Nein.

Unser Elternhaus sagt mehr über uns aus, als uns lieb ist. Dort liegen die Wurzeln unseres Charakters. Dort haben wir unsere Vorstellung von Beziehungen entwickelt. Dort haben wir unsere Beziehungs-Skripte geschrieben. Dort haben wir die emotional prägenden Jahre der Kindheit und Jugend verbracht. Deshalb ist die Annahme, dass wir in der Liebe völlig frei von allen Bindungen nur zu zweit einander begegnen, eine Illusion.

Nur die Liebe zählt? Die Forschung über die Dauerhaftigkeit von Partnerschaften weist in eine ganz andere Richtung. Demnach trägt eine Ähnlichkeit der Elternhäuser ganz erheblich zur Stabilität von Beziehungen bei. Statt des romantischen Ideals der alles überwindenden Liebe postuliert die Wissenschaft ein ganz anderes Credo. Es lautet: *Ich heirate eine Familie.*

Jeder von uns bringt zusätzlich zu seiner eigenen Person auch noch seine Skripte mit in die Partnerschaft ein. *Zu sechst im Bett* – das ist das einprägsame Bild, das die amerikanische Therapeutin Nancy Wasserman Cocola für diesen Sachverhalt geprägt hat. Auch in den intimsten Momenten eines Paares sind, psychologisch gesprochen, immer noch vier weitere Personen anwesend: seine Eltern und ihre Eltern.

Pflichtbewusstsein und Verantwortung

Silvia stammt aus einer Familie, in der Fleiß einer der wichtigsten Werte war. Die Eltern führten eine Bäckerei. Beide hatten viel zu tun, und für die drei Kinder war oft nur wenig Zeit. Der Vater stand schon um vier Uhr früh auf, und ab fünf war er in der Backstube. Nachmittags schlief er, und die Kinder gingen auf Zehenspitzen durchs Haus. „Ach, was habe ich mir gewünscht, dass er sich einmal bei den Hausaufgaben einfach neben mich setzt", erinnert sich Silvia mit einem melancholischen Lächeln. Die Eltern verschwanden für sie wie hinter einer Nebelwand aus Arbeit, Pflicht und Verantwortung.

Die Tüchtigkeit der Eltern, Silvia hat sie als Kind ganz selbstverständlich in sich aufgenommen. Sie ist so strebsam wie ihr Vater und ihre Mutter. So wie ihr Vater Sonntagnachmittags schon mal in die Backstube ging, um „nach dem Rechten zu sehen", sitzt Silvia heute zur gleichen Zeit an ihrem Schreibtisch, sorgt dort für die nötige Ordnung und bereitet die Unterrichtswoche vor.

Silvias Verhältnis zu ihren Eltern war nicht wirklich schlecht. Sie hat nur immer gespürt, dass die Eltern wenig Zeit hatten und keinen Bedarf an zusätzlichen Problemen. Als Älteste hat sich Silvia dieser Vorstellung der Eltern gefügt. Probleme hat sie ihnen nicht gemacht, und Silvias Mutter würde noch heute schwören, dass Silvia schon immer fleißig und unproblematisch war – „ganz anders als der Bub", Silvias jüngerer Bruder.

Verwöhnung

Antonio stammt aus einer galizischen Lehrerfamilie. Sein Vater, sein Großvater, ja selbst sein Urgroßvater, sie alle waren Lehrer – wie Silvia. Sie waren in ihrem Wohnort angesehen und respektiert – wie Silvia. Aber als Lehrerkinder standen Antonio und seine Geschwister immer auch unter besonderer Beobachtung. Antonio wuchs in der Nähe des Wallfahrtsortes Santiago de Compostela auf, in einer Kleinstadt – eine weitere Parallele zu Silvias Kindheit. Er hat drei ältere Schwestern und wurde als Nesthäkchen von allen restlos verwöhnt. Von der Mutter, die bis nach Santiago fuhr, um ihrem Antonio die Sorte Erdbeereis zu kaufen, das er so gerne mochte. Vom Vater, der jede Leistung seines Sohnes – und sei sie auch noch so unbedeutend – über den grünen Klee lobte. Antonio, das Musikgenie. Antonio, das Rechenwunder. Antonio, der begabte Künstler. Von der Großmutter, die ihm bei jeder sich bietenden Gelegenheit eine Süßigkeit zusteckte. Von den Schwestern, die darum wetteiferten, wer von ihnen die Mutter vertreten durfte, wenn die einmal außer Haus war. Antonio hat früh gelernt, sie alle gegeneinander auszuspielen und seinen Charme einzusetzen, um seinen Willen zu bekommen. Im Grunde macht er es bis heute nicht anders.

Die Elternhäuser von Silvia und Antonio sind sich auf den ersten Blick erstaunlich ähnlich. Das kleinstädtische Milieu, die streb- und arbeitsamen Eltern, die Mittelschicht, aus der sie beide stammen. Das ist auch einer der Gründe, weshalb die beiden sich zu Anfang so gut verstanden und so vertraut miteinander waren. Und doch sind die Unterschiede gewaltig. Silvia hat als typische Erstgeborene die Werte und Normen ihrer Eltern sehr stark übernommen. Sie wünscht sich bis heute, die Dinge gelassener sehen zu können – und wählt sich einen entsprechenden Partner. Sie hätte als Kind gerne mehr Aufmerksamkeit, Zuwendung und Liebe bekommen – und sucht sich einen Partner, der all das, anders als sie, im Übermaß hatte.

Resümee

Dass eine ähnliche Herkunft verbindet und eine Partnerschaft stärkt, ist eine Erkenntnis, die der Zeitgeist gerne leugnet. Nur die Liebe zählt. Romeo und Julia lassen grüßen. Doch halt! Waren die Herkunftsfamilien von Romeo und Julia etwa unterschiedlich? Nein! Sie waren zwar verfeindet, waren sich aber sehr ähnlich. Romeo wie Julia entstammten dem gehobenen Bürgertum, ihre Familien waren durch den Handel groß und mächtig geworden.

Auch Übereinstimmungen bei Details der Herkunftsfamilien führen Paare oft zusammen. So finden Menschen aus Familien, in denen einer der Eltern Alkoholiker war, besonders gerne zu anderen, in denen ebenfalls Alkoholismus das Familienleben prägte.

Eine ähnliche Herkunftsfamilie führt allerdings nicht automatisch auch zu einem ähnlichen Charakter – wir haben es bei Silvia und Antonio gesehen. Die unterschiedlichen Positionen in der Geschwisterreihe, die unterschiedliche Art, auf die sie beide sich in ihren jeweiligen Familien Anerkennung und Zuneigung verschafften – das alles hat die beiden extrem unterschiedlich geprägt.

Eine Begegnung solch unterschiedlicher Charaktere verläuft für gewöhnlich sehr konflikthaft und chaotisch. Beide Partner fühlen sich anfänglich zwar zueinander hingezogen. Sie sind jedoch außerstande, den jeweils anderen auch zu verstehen. Da der andere so vollkommen anders ist, neigen sie mehr und mehr zu der Annahme, der andere sei irgendwie anormal, er sei verrückt.

Das haben auch Silvia und Antonio so erlebt. Wo war sie nur geblieben, seine anschmiegsame Silvia, die ihn anhimmelte und bewunderte? Das fragte sich Antonio mit der Zeit immer öfter. Liebe, das hieß für ihn vor allem, für den anderen da zu sein. Und der andere – das stand für Antonio als Verwöhnten fest –, das war er.

Silvia wiederum explodierte zum Ende der Beziehung schon bei Kleinigkeiten. Wo war nur der Antonio geblieben, der ihr so souverän und überlegen erschien? Jetzt kam er ihr oft nur noch wie eine Karikatur eines Mannes vor. Ihm fehlten jede Tatkraft und der Mut, etwas anzugehen. Welche Frau konnte bei einem Mann wie Antonio schon ihren Respekt behalten, dachte sie.

Introspektion – was weiß der andere über sich selbst?

Introspektion ist die Fähigkeit, das eigene Innenleben angemessen wahrzunehmen und zuverlässige sowie zutreffende Angaben über das eigene Seelenleben machen zu können.

Über ihr eigenes Innenleben wissen die meisten Menschen nicht allzu viel. Sie erleben die Konsequenzen ihrer Ängste, Gefühle und Affekte. Sie erleben die Handlungen, die daraus folgen. Woher das alles kommt, das wissen sie nicht. Das ist in der Regel auch gar nicht nötig. Den meisten Menschen gelingt es, die Aufgaben des Lebens – einen Beruf ergreifen, Freunde gewinnen, eine Partnerschaft eingehen – ganz ohne ein hohes Maß an Introspektion zu bewältigen.

Wenn aber wichtige Lebensziele wie eine Partnerschaft nicht erreicht werden, dann ist Introspektion unerlässlich. Was ist die Ursache dafür, dass es nicht klappt? Gibt es Skripte aus der Vergangenheit, die sich als Stolpersteine erweisen? Wer in seiner Kindheit unpassende Skripte verfasst hat, der kann aus der Introspektion großen Nutzen ziehen.

Die Welt des Seelenlebens wird traditionell als weibliche Domäne betrachtet. Frauen beschäftigen sich im Allgemeinen mehr mit ihren Gefühlen, als Männer es tun. Introspektion ist deshalb zwischen den Geschlechtern ungleich verteilt. Männer haben meist eine geringere Neigung, ihr Seelenleben zu erforschen, als Frauen, selbst wenn sie weder eine Partnerschaft noch Freunde noch einen Beruf haben. Das männliche Vorgehen hat aber auch Vorteile. Frauen erliegen eher der Gefahr, anhaltendes Grübeln für Introspektion zu halten und schwächen auf diese Weise massiv ihr Selbstwertgefühl. Ein Mann, der der Introspektion konsequent ausweicht und stattdessen darauf setzt, sein Lebensgefühl zum Beispiel durch berufliche oder private Erfolgserlebnisse zu verbessern, erhöht damit sein Selbstwertgefühl und steigert so auch seine Chancen, das Problem der Partnerwahl zu lösen. Und das, obwohl er rein gar nichts getan hat, um seine Introspektion zu verbessern.

Wie wir Introspektion erreichen

Die wichtigste Vorgehensweise, um die eigene Fähigkeit zur Introspektion zu erhöhen, ist heutzutage das Lesen psychologischer Ratgeber. Ein guter und auch leicht umzusetzender Weg, wie ich finde.

Psychologischer Rat erfolgt durch Seminare und Vorträge oder in einer Einzelberatung. Schließlich dient – drittens –

auch eine Psychotherapie dem Hineinhorchen in sich selbst. Die letzten beiden Vorgehensweisen haben einen klaren Vorteil gegenüber dem Lesen. Menschen sind zu einer dauerhaften Verhaltensänderung leichter in der Lage, wenn sie dabei von einen anderen Menschen direkt und ausdrücklich unterstützt werden. Alle drei Vorgehensweisen bieten für die Schulung der Introspektion eine klare Struktur und verhindern so, dass das Hineinhorchen ins eigene Seelenleben im Grübeln endet.

Introspektion umfasst auch die Kenntnis der eigenen *Leichen im Keller,* von denen schon im zweiten Kapitel über die Selbsterkenntnis die Rede war. Wenn wir in uns hineinsehen, wissen wir, welche Schwächen wir haben und in eine Partnerschaft mitbringen. Schwächen zu haben ist für eine Partnerschaft kein allzu großes Problem – solange wir sie kennen. Schwächen zu haben und sie nicht zu kennen, das ist für eine Beziehung allerdings ein sehr großes Problem.

Auch im Bereich der Introspektion gilt das Ähnlichkeitsgebot der Partnerwahl. Nach meiner Erfahrung aus der Beratung ist eine Partnerschaft besonders anfällig für Störungen, wenn einer von beiden oder beide zur Introspektion nicht in der Lage sind.

„Ich habe keine Leichen im Keller", sagen manche Menschen von sich. „Ach, wie schade!", entgegne ich dem gerne. Lassen Sie lieber die Finger von solchen Menschen.

Antonio und Silvia

Antonio ist der klassische Typ eines Menschen, der keine Leichen im Keller hat. Seine Kindheit war – nach seiner

Erinnerung – ohne Probleme. Dass es ihm nie gelang, etwas zu finden, das ihn wirklich interessiert – für ihn ist das einfach kein Problem. Sein Problem ist – in seinen Augen –, dass er in Partnerschaften immer wieder an Frauen gerät, in deren Leben eine Menge schiefgelaufen ist. Frauen wie Silvia eben.

Auch Silvia sieht das so. Sie ist ihrer Überzeugung nach die Schwierigere und bewundert Antonio für dessen umsorgte Kindheitsjahre. Silvia hat keine Therapie gemacht, keine Beratungsstelle aufgesucht und keinen ausgeprägten Hang, psychologische Bücher zur Hand zu nehmen. Und doch ist sie es, die zu mehr Introspektion in der Lage ist als Antonio. Drei Stunden lang hält sie es aus, wenn sie ihre Eltern besucht. Danach muss sie wieder fahren und sprudelt über von Erinnerungen. Wie ungerecht sie es fand, dass Karl, ihr kleiner Bruder, immerzu die Aufmerksamkeit der Eltern bekam, die sie so schmerzlich vermisste. Wie eng sie die Welt fand, in der die Eltern lebten. Moralisch eng. Geistig eng. Sie wollte da raus, und dieses Ziel hat sie mit eiserner Energie verfolgt. Auch der Vater gab schließlich nach und ließ seine Tochter studieren.

Silvias und Antonios Überzeugung, dass *sie* die Schwierigere ist und sein Leben unbeschwert war – ich teile sie nicht. Beide haben gleichermaßen ihre Leichen im Keller. Es sind allerdings höchst unterschiedliche Probleme, die da bei einem Besuch im Kellergeschoss zum Vorschein kommen. Diese Unterschiedlichkeit ist das erste Problem, das ich für die Partnerschaft der beiden sehe. Das zweite: Silvia ist sich in Ansätzen ihrer Lebensschwierigkeiten bewusst, während

Antonio wie der Vogel Strauß den Kopf einfach in den Sand steckt und sagt: Da ist nichts.

Resümee

Eine Partnerschaft zwischen einem introspektiven und einem nicht-introspektiven Partner bekommt häufig eine sehr ungesunde Dynamik. Schnell gilt der Introspektive als der Schwierige – wir haben das bei Silvia und Antonio gesehen –, weil er seine Probleme und Schwierigkeiten besser kennt und sie offener ausspricht.

Eine Partnerschaft mit einem Mann, der steif und fest behauptet: „Da ist nichts! Ich habe keine Leichen im Keller!", ist nur sehr schwer zu führen. Sie lesen dieses Buch. Sie schulen sich damit nicht nur in psychologischem Wissen, sondern auch in Introspektion. Ein Mann, der dazu überhaupt nicht in der Lage ist, wird Ihnen in einer Partnerschaft höchstwahrscheinlich früher oder später das sehr unbefriedigende Gefühl geben, auf Granit zu beißen. Wer länger zusammen ist, der erkennt auch die Schwächen, die der andere hat. Mag der das aber nicht zugeben, dann verlieren Sie auf Dauer Achtung und Respekt vor dem Partner.

Das gilt selbstverständlich auch, wenn Sie keine Leserin, sondern ein Leser sind. Noch einmal: Sie lesen dieses Buch. Folgen Sie deshalb der Ähnlichkeitsregel der Partnerwahl. Wählen Sie eine Partnerin, die wie Sie gelernt hat, in sich hineinzuhorchen.

Das Gespräch

Das Gespräch ist der Kern einer Partnerschaft. Es ist der Dreh- und Angelpunkt, der über Wohl und Wehe einer Beziehung entscheidet. In einem guten Gespräch sind wir für den anderen da. Wir sind hilfsbereit und positiv und kritisieren ihn nicht – oder zumindest nur sehr, sehr selten. Wenn beide Partner das können, ist ein Gespräch eine Bereicherung – ja ein Lebenselixier. Ein Lebenselixier vor allem auch für die Liebe. Das Gespräch ist es, das sie jung und frisch hält. Ein Leben lang, wenn es gutgeht.

Denn läuft das Gespräch gut, dann läuft auch die Partnerschaft gut. Versiegt dagegen das lebhafte Interesse, sich auszutauschen, dann ist das Ende einer Beziehung nahe. Oder aber die Beteiligten richten sich in einer schlecht laufenden Beziehung ein. Ihre Enttäuschung über den anderen können solche Menschen oft kaum verbergen. Sie kritisieren sich gegenseitig häufig, ziehen übereinander her, lassen kein gutes Haar aneinander. Ohne das gute Gespräch ist eine Partnerschaft hohl und leer. Sie hat ihren wichtigsten Inhalt verloren, das Füreinander-Da-Sein. Sie ist zu einer leeren Hülle geworden, auf die die Beteiligten trotzdem oft nicht verzichten wollen, weil ihnen das Leben ohne Partnerschaft – auch vorübergehend – als Zumutung erscheint.

Auf Dauer aber nehmen Menschen Schaden, wenn sie sich ohne Hoffnung auf seelische Nähe, ohne Hoffnung auf das gute Gespräch in ihrem Leben einrichten. Deshalb folgen dem versiegenden Interesse am Gespräch so oft das versiegende Gefühl und die versiegende Sexualität. Und damit das Ende.

So ist es auch Silvia und Antonio ergangen. Zu Anfang der Beziehung konnten die beiden nächtelang miteinander reden. Ach, was es da nicht alles zu erzählen gab! Schwierig wurde es erst, als die Verliebtheit nachließ und Silvia merkte, dass sie Antonio von ihrer Arbeit nichts zu erzählen brauchte. Er reagierte immer gleich: Er lachte. Er riet ihr, es leichter zu nehmen. Er lenkte – schwupp! – auf ein ganz anderes Thema ab. Eine Ausstellungseröffnung zum Beispiel. Eine Galerie, die Interesse an seinen Bildern gezeigt hatte. Und so sank Silvias Lust, mit Antonio über ihre Probleme bei der Arbeit zu reden. Gespräche wurden überhaupt selten und drehten sich allzu oft um Antonios Lieblingsthemen. Die Sexualität wurde langweilig und fad. Mehltau legte sich über die Beziehung. Und mit dem versiegenden Gespräch schwand das Gefühl von Verbundenheit, das zu Anfang überaus stark war.

In einem guten Gespräch entsteht geistig-seelische Nähe. Im Gespräch entwickelt sich Intimität, lange bevor die körperliche Annäherung zu körperlicher Intimität führt. „Die Sexualität ist die Fortsetzung eines Gesprächs mit anderen Mitteln", hat der Philosoph Friedrich Nietzsche einmal gesagt.

Das gute Gespräch

Ein gutes Gespräch ist ein ausgeglichenes Gespräch. Jeder redet in etwa gleich viel. Jeder gibt dabei auch etwas von sich preis – in etwa gleich viel. Ein gutes Gespräch basiert auf Neugier. Neugier setzt Offenheit für Neues voraus, Offenheit für die Sicht des anderen. Neugier, das bedeutet, dem anderen Fragen stellen zu können. Es bedeutet, den Standpunkt des anderen verstehen zu wollen.

Zudem müssen wir auch bereit sein, über Wesentliches zu reden. Über Zukunftshoffnungen, die uns schon als Teenager beschäftigt haben. Über Ziele, die wir unbedingt noch erreichen wollen. Über Niederlagen, die wir erlitten haben und was wir am Ende aus ihnen gelernt haben.

Das gute Gespräch ist bei einer Verabredung nicht die Regel. Oft geht es nur um Belangloses. Oft ist das Gespräch*sverhalten* des anderen nicht geeignet, Nähe aufkommen zu lassen. Ein schwieriges Gesprächsverhalten des anderen kann uns warnen, wenn wir die Warnung, die es enthält, denn verstehen.

Was das Gespräch uns über Menschen verrät

In der ihm eigenen Gangart tritt der Mensch den Anforderungen des Lebens entgegen. Das Gespräch ist nach meiner Überzeugung die schwierigste Anforderung, vor die das Liebesleben uns stellt. Wie ein Mensch sich in diesem Bereich verhält, daran lässt sich auch sein Charakter erkennen. Aus Gesprächen entnehmen wir eine Vielzahl von Informationen über unsere Mitmenschen. Oft neigen wir dazu, dem zu glauben, *was* sie uns sagen. Doch es ist nicht möglich, aus dem Inhalt von Worten direkt auf den Charakter eines Menschen schließen. Sagt er etwa, dass er sich eine gleichberechtigte Beziehung wünscht, so bedeutet das noch lange nicht, dass er sich in einer Partnerschaft auch wirklich so verhält. In Wahrheit kann er sich und seine Bedürfnisse schon schnell vernachlässigen und nur die Wünsche des

Partners für wichtig halten. Oder er kann sich in endlose Machtkämpfe verwickeln, weil er unbedingt der oder die Überlegene sein möchte. Und Ankündigungen über seine beruflichen Pläne können Schall und Rauch bleiben. Antonio beispielsweise hat immer wieder betont, wie sehr er sich den künstlerischen Erfolg wünscht. Doch seinen Worten folgten nur selten auch Taten.

Ein Gespräch ist immer mehr als ein Austausch von Informationen. Ein Gespräch ist immer auch eine Handlung, ein Verhalten. Hilfreicher als nur auf den Inhalt seiner Worte zu hören, ist es deshalb, das Gesprächs*verhalten* des anderen zu beobachten. Interessiert er sich für das, was wir zu sagen haben? Redet er ununterbrochen und lässt uns nicht zu Wort kommen? Weiß er alles besser? Aus solchen Verhaltensweisen lässt sich gut auf den Charakter schließen.

Viel reden – den anderen nicht zu Wort kommen lassen

Bei einer Verabredung viel zu reden, ist eine grobe Unhöflichkeit. Wer viel redet, der kreist um sich und seine Welt. Der Blick auf die Welt des anderen gelingt ihm nur schwer. Vielredner sind unsichere Menschen. Das gilt auch dann, wenn sie ein gepflegtes Auftreten haben, erfolgsverwöhnt sind und mit einem Oberklasse-Wagen vorfahren. Mancher Vielredner will in erster Linie bewundert werden. Er folgt der Devise des schönen Pfaus, der sich ein unscheinbares Huhn zur Frau nimmt: Meine Frau und ich bewundern mich über alle Maßen.

Wenig reden – nichts von sich preisgeben

Wer wenig redet, der ist möglicherweise schüchtern oder unsicher und taut erst auf, wenn er gefragt wird. Manche dieser „stillen Wasser" entpuppen sich im längeren Gespräch tatsächlich als „tief". Wer aber auch auf Fragen kaum zu antworten weiß, zeigt damit nur an, wie wenig er in der Welt verankert ist. Er hat im Gespräch nicht mehr zu geben als ein karges Ja oder Nein.

Wenigredner können auch in die Gruppe der Machtpolitiker gehören. Sie sammeln Informationen über andere, geben aber nur ungern etwas von sich preis. Wissen ist Macht, lautet ihre Devise. Sie reden möglicherweise gern über die Arbeit, insbesondere über ihre Erfolge, und über ihre Hobbys – nicht aber über wichtige persönliche Fragen wie die nach dem Elternhaus, nach Geschwistern, dem Verhältnis zu den Eltern oder nach vergangenen Beziehungen. Machtpolitiker hören bei solchen Themen lieber zu und sammeln wertvolle Informationen über den anderen, die sie bei Auseinandersetzungen dann gegen ihn verwenden: „Du bist ja so schwierig – kein Wunder, bei *der* Familie!" Vor allem Frauen neigen dazu, solche Machtspiele von Männern nicht zu erkennen. Sie geben im Gespräch sehr viel von sich preis und bemerken dabei nicht, dass ihre Offenheit nicht mit Offenheit vergolten wird.

„Ja, aber …" – widersprechen

Wer im Gespräch ständig widerspricht, zeigt damit, dass er kein Mitspieler ist. Er kooperiert nicht. Das wird er später, in einer Partnerschaft, auch so halten. Wer das schon zu Beginn eines Kennenlernens tut, der verletzt außerdem noch die Regeln des Flirts, der ja bekanntlich aus positiver Zuwendung besteht.

Manche Menschen beherrschen die Kunst des Widersprechens nahezu perfekt. Sie beginnen jeden zweiten Satz mit „Aber", auch wenn sie inhaltlich gar nichts anderes meinen als ihr Gegenüber, sondern das Gespräch einfach nur auf einen anderen Aspekt der Sache bringen möchten. „Aber"-Sager sind keine Mitspieler des Lebens.

Ich weiß es besser – Rechthaberei

Mit einem Rechthaber kann man sich auch über banalste Kleinigkeiten bis aufs Messer streiten. Auch der Rechthaber ist nicht auf Kooperation aus. Seine Sicht der Dinge ist richtig. Punkt. Da ist nicht viel Raum für den Dialog. Neugier auf die Sicht der anderen kennt ein solcher Mensch kaum. Auch der Rechthaber ist in seinem Innersten ein unsicherer Mensch. Deshalb hält er so stur an seinen Gewissheiten fest. Der seelisch sichere, ich-starke Mensch kann auch abweichende Meinungen, Gewohnheiten und Überzeugungen akzeptieren und sich produktiv mit ihnen auseinandersetzen. Wer aber immer recht haben will, entzieht sich dem Dialog.

Der Kritiker

Folgt noch der dritte im Bunde der unangenehmen Gesprächspartner: der Kritiker. Auch er hat gerne recht. Er genießt dabei jedoch besonders die Überlegenheit über andere. „Man kauft doch keinen Fernseher von XY", sagt er etwa tadelnd zu einer Frau, die er zum ersten Mal zu Hause besucht. Der Wunsch zu kritisieren und den anderen damit kleinzumachen, entsteht besonders dann, wenn sich jemand unterlegen fühlt. Kritik schon zu Beginn eines Kennenlernens ist deshalb ein sehr ernster Warnhinweis. Der andere fühlt sich unterlegen und versucht dies auf ganz eigene Art zu kompensieren. Ein intensives und angenehmes Gespräch entsteht so natürlich nicht. So wie der Kritiker schon die ersten Gespräche gestaltete, wird aller Wahrscheinlichkeit nach auch die spätere Partnerschaft mit ihm sein.

Resümee

Es reicht nicht aus, dass eine Frau, dass ein Mann Komplimente macht oder Sympathie signalisiert – er oder sie muss sich auch sympathisch verhalten. Das gilt ganz besonders für das Gespräch.

Sich im Gespräch mit dem anderen wohlzufühlen, Neugier und Interesse zu spüren, das ist unerlässlich für eine Partnerschaft. Machen Sie bei der Partnerwahl an dieser Stelle keine faulen Kompromisse. Der „Aber"-Sager wird später, in einer Partnerschaft, kaum Ihnen zuliebe auf sein unangenehmes Gesprächsverhalten verzichten. Auch der Rechthaber und der Kritiker werden das nicht tun. Vielmehr spricht einiges dafür, dass ihr Gesprächsverhalten nur eine Ausdrucksvariante ihrer generell wenig kooperativen Wesensart ist. Die restlichen Varianten werden Sie im Laufe der Beziehung höchstwahrscheinlich ebenfalls zu spüren bekommen.

Indizien für ein schwaches Selbstwertgefühl

Wenn Silvia vom Einkaufen schwer bepackt nach Hause kam, saß Antonio bereits mit einem Glas spanischem Rotwein auf der Veranda und rauchte eines seiner geliebten Zigarillos. Antonio rauchte leidenschaftlich gerne. Auch Alkohol trank er jeden Tag, eine halbe Flasche etwa. „Er genießt eben das Leben", sagte Silvia einmal entschuldigend zu Anna-Marie, als die ihr beim Auspacken half, während Antonio es nicht für nötig hielt, mit anzupacken.

Ob jemand raucht oder wie viel Alkohol er oder sie trinkt, kann ein Anhaltspunkt sein, um den betreffenden Menschen einzuschätzen. Klar: Jeder Mensch hat das Recht zu rauchen und allabendlich mit einem Glas Rotwein den Feierabend zu genießen. Nicht umsonst ist der abendliche Drink in den alltäglichen Sprachgebrauch als „Absacker" eingegangen, und viele Raucher schildern die beruhigende Wirkung, die eine Zigarette haben kann.

Tatsächlich wirken Nikotin und Alkohol über das Gehirn auf unsere Stimmung. Jemanden, der wütend ist, kann das Rauchen wieder beruhigen. Bei jemandem, der traurig ist, kann es die Stimmung aufhellen.

Beim Alkohol ist es ähnlich. Er wirkt entspannend und nimmt uns unsere Hemmungen. Ein Drink kann uns weniger nervös machen oder dazu führen, dass wir mehr aus uns herausgehen.

Zigaretten und Alkohol sind gesellschaftlich akzeptierte Genussmittel. Bezogen auf den Einzelnen, ist der springende Punkt die Frage: In welchem Maße braucht er oder sie beides? Sind Zigarette oder Drink das erste Mittel der Wahl, um unangenehme Stimmungen zu vertreiben oder schwierige Situationen erträglicher zu machen? Wenn Sie spüren, dass der Alkohol- und Zigarettenkonsum eines Menschen, den Sie bei der Partnersuche kennengelernt haben, Sie irritiert, dürfen Sie sich legitimerweise fragen, ob und wie gut er oder sie mit den unangenehmen Seiten des Lebens umgehen kann. Sollten Sie auch aus anderen Anhaltspunkten den Eindruck gewinnen, dass Ihr Gegenüber „negative" Gefühle keinesfalls aushalten kann und will und um jeden Preis zu vermeiden sucht, so spricht einiges dafür, dass Sie es mit einem ich-schwachen Menschen zu tun haben. Ich würde Ihnen dann zumindest zur Vorsicht raten. Stellen Sie sich ruhig die Frage: Warum braucht er, warum braucht sie das? Gibt es andere Dinge, die Ihnen auffallen? Neigt der andere zum Beispiel dazu, andere übermäßig zu kritisieren? Hat er oder sie ausgesprochen gerne recht? Muss er andere Menschen übertrumpfen? Neigt er oder sie zu unkontrollierten Wutausbrüchen? Erzählt er Ihnen, dass er beim letzten Discobesuch „was eingeworfen" hat, um länger fit zu sein, oder am langen Wochenende gelegentlich mit Freunden einen Joint raucht?

Je mehr dieser Fragen Sie mit Ja beantworten können, desto mehr spricht dafür, dass Sie es mit einem Menschen zu tun haben, der sein instabiles Selbstwertgefühl durch allerlei Verhaltensweisen zu stabilisieren versucht, die für

sich genommen noch kein großes Problem darstellen, zu-
sammengenommen aber eben doch nicht einfach abgetan
werden sollten: Solche Menschen sind als Partnerin oder
Partner in aller Regel nicht zu empfehlen.

Langlebige und erfüllende (Zweier-)Beziehungen zeichnen
sich dadurch aus, dass beide Partner über ein gutes Selbstwertgefühl verfügen – dieser Sachverhalt ist durch die Paar-
forschung gut belegt.

Das Selbstwertgefühl eines Menschen – landläufig auch
gerne Selbstbewusstsein genannt – ist keine feststehende
Eigenschaft. Es resultiert aus richtigen Entscheidungen für
das eigene Leben. Es resultiert aber auch aus den Werten,
die wir durch unser Handeln realisieren.

Werte

Das ganze menschliche Leben ist – aus philosophischer
Sicht – ein einziges Realisieren von Werten. Werte sind die
Fixsterne am Firmament unseres Lebens. Sie geben uns Ori-
entierung, zeigen uns eine Richtung an.

Welchen Wertehorizont hat ein Mensch? Diese Frage ist für
die Partnerwahl sehr wichtig. Werte sind allgegenwärtig
in unserem Leben, auch wenn uns dies oft nicht bewusst
ist. Wenn eine Frau sich entschließt, ihren Beruf als Köchin
aufzugeben und eine Ausbildung zur Sonderpädagogin zu
beginnen, um mit Behinderten zu arbeiten, dann liegt dem
eine Wertentscheidung zugrunde. Das Gleiche gilt, wenn

wir uns für eine Arbeit entscheiden, die zwar weniger Freude macht, dafür aber mehr Geld einbringt.

Die letzte Entscheidung liegt auf einer Linie mit dem Wertehorizont, den der Zeitgeist uns nahelegt. Er umfasst Werte wie diese: *Verdiene viel Geld – leiste dir ein größeres Auto als dein Nachbar – plane einen tollen Urlaub – gönn dir einen neuen Fernseher.* Allesamt Werte, die nicht allzu viel hergeben, wie ich finde.

Menschliche Werte können sehr unterschiedlich sein. Der eine Mensch möchte gerne viel reisen und dabei seine Befriedigung finden. Ein anderer möchte Kinder haben und großziehen. Ein dritter engagiert sich sozial und gibt Kindern, die niemanden haben, der sich nachmittags um sie kümmert, Nachhilfe. Ein vierter will möglicherweise vor allem Geld verdienen, weil nur der Wohlstand ihm ein Gefühl von Sicherheit gibt.

Dies alles sind Wertentscheidungen. Mit jedem dieser Ziele werden unterschiedliche Werte realisiert.

Silvia beispielsweise hat für ihr Leben eine klare Wertentscheidung getroffen. Sie will Kindern das ermöglichen, was ihr selbst einst ein Lehrer erschloss – die Freude am Lernen, die Welt des Wissens. Bei ihm musste keiner nachsitzen. Bei ihm durfte man noch eine Stunde bleiben. Das war für Silvia eine prägende Erfahrung. Die Welt ihres Elternhauses, zwischen Backstube, Verkaufsraum, Fernseher und sonntäglichem Gottesdienst war eine enge Welt. Die Welt des Wissens war für sie ein Lichtblick, eine Verheißung auf eine größere und auch bessere Welt.

Auch Antonios Wertewelt liegt klar zutage. Die wichtigsten Werte in seinem Leben sind er selbst und sein persönliches

Wohlergehen. Darüber hinausgehende Ziele hat er nicht. Wozu?, würde er erstaunt fragen.

Resümee

Welchen Wertehorizont der andere hat, ist bei der Partnerwahl eine wesentliche Frage. Das Gebot der Ähnlichkeitswahl gilt bei der Frage der Werte in ganz besonderem Maße. Ähnliche Wertvorstellungen geben einer Beziehung Halt. Partner müssen sich mit den Werten des jeweils anderen und den Zielen, die sich daraus ableiten, identifizieren können. Eine Partnerwahl ist immer auch die Wahl einer bestimmten Wertewelt, die zu der eigenen passen soll. Gegensätzliche Wertvorstellungen sind für eine Partnerschaft eine große Belastung.

Übung „Menschenkenntnis": Holen Sie Ihr Reisetagebuch hervor – das Heft mit Ihren Notizen zu diesem Buch – und lassen Sie Ihre vergangenen Beziehungen Revue passieren. Legen Sie anhand der Kriterien *Arbeit, Herkunftsfamilie, Introspektion, Gespräch* und *Werte* Profile Ihrer ehemaligen Partner an. Achten Sie dabei auch auf Begebenheiten, die Ihnen eine Einschätzung darüber ermöglichen, ob Ihre früheren Partner ein stabiles oder ein eher schwach ausgeprägtes *Selbstwertgefühl* hatten. Denken Sie dabei an die letzte Beziehung, auch wenn diese kurz gewesen sein sollte. Denken Sie an Ihre längeren Beziehungen, also all die Partnerschaften, die länger als drei Jahre dauerten. Denken Sie schließlich an die Partnerschaften, die Ihnen aus irgendeinem Grund als wichtig erscheinen.

Schreiben Sie bitte zu jedem Partner zu allen sechs Punkten einige Stichworte auf. Am Ende haben Sie ein genaues Bild, welche Art Partner Sie in der Vergangenheit gewählt haben. Möglicherweise ergibt sich ein einheitliches Bild – alle Partner ähneln sich an charakteristischen Stellen. Vielleicht aber sind Ihre Verflossenen auch sehr unterschiedlich. Registrieren sie all dies, bewerten Sie es aber bitte nicht.

Lassen Sie sich bei Ihrer Auflistung nicht durch Frustgefühle abhalten, etwa wenn Ihnen auffällt, welche Macken Ihre Partner in der Vergangenheit hatten. Geben Sie nicht der Versuchung nach, sich selbst für eine „schlechte" Wahl in der Vergangenheit zu kritisieren. Auch ein schlechtes Gewissen gilt nicht. Denken Sie immer daran: Was zählt, sind nicht die Fehler von früher, sondern das Bemühen um eine bessere Zukunft. Die wird ebenfalls nicht fehlerfrei sein – das wäre ein unrealistisches Ziel, ein Perfektionswahn. Aber wenn wir die Fehler der Vergangenheit ehrlich anschauen, dann ist die Chance auf eine zufriedenere Beziehung gegeben. Und das ist die unmittelbare Voraussetzung dafür, das Wagnis einer neuen Partnerschaft mit Mut anzugehen.

Ich habe die Wahl!

Der Mut zu einer neuen Beziehung erwächst aus der berechtigten Hoffnung, dass uns die nächste Partnerschaft besser gelingt als die vorherige. Ohne diese Aussicht versagt uns unser Gemüt die für die Partnersuche und Partnerwahl erforderliche Energie. Es sagt Nein und hängt sich wie ein schweres Gewicht an unsere Beine, will uns am Vorwärtsschreiten hindern. „Nein, ich will keine neue Beziehung, die doch nur das Gleiche bringt, was ich schon einmal erlebt habe."

Der Kopf sagt: Ich will. Doch das Gemüt antwortet beharrlich: Nein, bitte nicht. Und es hat recht.

Erst die Aussicht auf die bessere, die zufriedenere Beziehung stimmt das Gemüt um. Wenn dieser Preis winkt, ist es geneigt, seine Zweifel hintan zu stellen. Ich will es noch einmal wagen, sagt es nun, und ist sich bewusst, dass die Liebe ein großes Abenteuer bleibt, bei dem Gefahren drohen.

Deshalb ist es so wichtig, eigene Suchmuster zu erkennen. Sie zu sehen heißt, sie verändern zu können. Wir alle können Suchmuster verändern. Wir alle können neue Entscheidungen für unser Leben treffen. Allerdings müssen wir dann auch etwas dafür tun. Wir müssen erkennen, was für ein Skript wir geschrieben haben, welchen Lebensstil wir uns als Kind angeeignet haben. Dann sind wir freier in unseren Entscheidungen. Dann können wir wirklich sagen: Wir haben die Wahl!

Abschied vom Kontinent
Menschenkenntnis

Dies war unsere Reise über den Kontinent der Menschenkenntnis. Sechs wichtige Länder haben wir gesehen: Arbeit, Herkunftsfamilie, Introspektion, das Gespräch, das Selbstwertgefühl und Werte. „Ja, ist denn das schon alles?", könnten Sie geneigt sein zu fragen. Gibt es nicht auch andere

Aspekte des menschlichen Charakters, die näher zu betrachten sich lohnt?

Aber sicher! Der Kontinent der Menschenkenntnis kennt Hunderte und Aberhunderte von Landstrichen und Regionen. Diese sechs Länder jedoch sind nach meiner Erfahrung als Berater für die Partnersuche und Partnerwahl die wichtigsten. Aber natürlich ist dies nur ein Einstieg in das Studium der Menschenkenntnis, ein Grundstudium vielleicht. Lesen Sie ruhig auch andere Autoren, die das Problem des menschlichen Charakters überzeugend behandelt haben. Planen Sie also Ihr Aufbaustudium. Anregungen hierzu finden Sie im Anhang, in der Welt der Bücher.

Teil 5: Wählen

Der Kontinent des *Wählens* ist gänzlich unbekannt. Verschollen. Versunken. Verschwunden. Möglicherweise ist er ja ist das sagenumwobene Atlantis, das eines Tages im Meer unterging. Wie Atlantis ward *Wählen* nie wieder gefunden, obwohl doch gerade das Wählen für uns so wichtig ist. Wir wollen doch *den Richtigen* oder *die Richtige*. Und wie soll das gehen, ohne zu wählen?

„Wählen ist völlig außer Mode gekommen", sagt der Pressesprecher von *Wählen*, ein Rentner, der sein Amt nur ehrenamtlich ausübt. „Heute wird nur noch *gefunden*. Und der Erste, der passend erscheint, der wird auch gleich genommen. Nach einigen Monaten oder Jahren kommt dann der Nächste und wieder der Nächste. Was für eine Verschwendung von Lebenszeit!"

Na, da wollen wir mal sehen, ob sich das nicht ändern lässt.

Wählen – nicht finden

Thomas und Barbara trafen sich nun schon zum dritten Mal. Ihre Verabredungen waren immer sehr locker und vertraut. So war es auch dieses Mal. Sie lachten viel, wussten sich immer etwas zu erzählen. Thomas hatte gerade gesagt, wie gerne er mit den Kindern seiner Schwester spielte und wie sein Patenkind dann immer ganz gewichtig die Hände in die Seiten stemmte und ausrief: „Pippi Langstrumpf vorlesen!"

Eine kurze Stille trat ein. Thomas und Barbara schwiegen einen Augenblick, jeder in seine Gedanken versunken. Das Schweigen fühlte sich nicht fremd an, sondern vertraut. „Möchtest du eigentlich auch Kinder?", fragte Barbara in die Stille hinein. „Vielleicht", sagte Thomas leichthin, und es klang wie ein Versprechen, wie ein Ja.

Später dann trottete Thomas nach Hause. Wie sollte er nur zu einer Entscheidung kommen? Sein Herz neigte zu Barbara, jetzt nach dem Treffen mit ihr. Doch übermorgen, wenn er sich mit Anna-Marie traf, würde das sicherlich wieder ganz anders aussehen – dann würde sein Herz für Anna-Marie sprechen.

Monika hatte gut reden. Mit ihrer Empfehlung *Lass dir Zeit!* mochte sie ja richtig liegen. Für Thomas aber war es völlig ungewohnt, mit zwei Frauen so intensiv zu flirten und noch nicht zu wissen, was daraus werden würde. Am Ende verliebte er sich ja möglicherweise in beide – und was dann?

„Aber das ist doch ganz normal, wenn man sich nach drei Treffen nicht sicher ist", sagte Monika und lachte. „Glaub mir, am Ende spricht dein Herz und die Waage neigt sich zu einer Seite." Monika schien sich so sicher zu sein. Also hieß es: Weiter so! Vielleicht wollte er ja einfach nur etwas schneller Gewissheit haben. Dieser Schwebezustand, die Unsicherheit, was werden würde, war für ihn nur schwer auszuhalten.

Warum wir eine Wahl treffen sollten

Eine neue Liebe, eine neue Partnerschaft finden – dafür benutzen wir in der Hauptsache ein einziges Wort. Wir sprechen von der Partner*suche*. Suche – ich sehe bei diesem Wort immer meine Kinder vor mir, wie sie zu Ostern den Garten nach Schokoladeneiern absuchen. „Ich habe eins!", ruft ein Kind triumphierend. „Ich auch!", schallt es aus der anderen Ecke des Gartens zurück.

Partner*suche* – schon dieses Wort führt in die Irre. Bei der Suche ist die entscheidende Frage immer: Finde ich oder finde ich nicht? Meinen Söhnen ist es herzlich einerlei, was genau sie an Ostern im Garten finden, Hauptsache, sie finden überhaupt etwas. Und Hauptsache, es ist rund und aus Schokolade.

Früher sprach man dagegen von der Partner*wahl*. Partnerwahl – welch ein altmodisches Wort! *Wahl* – ich sehe bei diesem Wort die Wahlkabinen vor mir und die bunten Wahlzettel, auf denen ich ankreuzen kann, welchem Kandidaten, welcher Kandidatin und welcher Partei ich mein Vertrauen ausspreche und wo ich demnach mein Kreuz mache. Ich stehe in der Wahlkabine, die bunten Zettel liegen vor mir auf dem Tisch. Ich zögere kurz, bevor ich meine Kreuze mache. In diesem Augenblick entscheide ich mich wirklich – manchmal auch anders als vorher gedacht. Sich *vorzustellen*, dass man wählt, ist nicht das Gleiche wie zu wählen. Erst die Wahl selber ist die Entscheidung.

Genauso ist es bei der Partnerwahl. Wir müssen eine Entscheidung treffen. Eine Entscheidung für *den Einen* oder für *die Eine*. Eine Entscheidung gegen andere mögliche Kandidatinnen und Kandidaten. Die Entscheidung fällt nicht zu Hause im stillen Kämmerlein, sie fällt bei der Begegnung mit geeigneten Kandidaten. Sie fällt, wenn das Herz spricht.

Bei einer *Wahl* ist alles ganz anders als bei einer *Suche*. Schon das Wort löst andere Assoziationen aus: Was will ich? Was passt? Welchen Lebensentwurf, welche Vorlieben, welche Gesetzmäßigkeiten und Gewohnheiten will ich wirklich? Wie viele Ähnlichkeiten verträgt eine Partnerschaft für mich, wie viele Gegensätze?

Diese Wahl hat Folgen. Wir wählen einen anderen Charakter, eine andere Welt. Wir wählen einen Menschen, von dem wir uns über viele Jahre und Jahrzehnte beeinflussen lassen wollen, mit dem zusammen wir den Widrigkeiten des Lebens entgegentreten, mit dem zusammen wir uns entwickeln wollen. Und die Wahl eines Partners ist auch die Wahl einer ganz bestimmten Lebensform. Nicht nur jeder Mensch, auch jede Partnerschaft ist einmalig. Sie folgt eigenen Regeln, Vorlieben, Gewohnheiten und Gesetzmäßigkeiten.

Wir sollten also wählen. Wir sollten eine reife und weise Entscheidung treffen. Wir *sollten*. Doch in der Tat tun das viele Menschen nicht. Sie treffen keine Wahl. Oder sie folgen einem inneren Suchmuster, das ihnen selbst nicht einmal bewusst ist. Sie wählen also weder weise noch reif, sondern extrem gegensätzlich zu sich selbst oder ausgesprochen oppositionell zu ihrem Elternhaus. Wenn Sie diese Muster aber erkennen, dann haben Sie beste Chancen, in Zukunft eine bessere, eine passendere Wahl zu treffen.

Schwieriges Suchmuster 1: Keine Wahl treffen

Keine Wahl zu treffen ist eine häufige Form der Partnersuche. Das Motto hierbei lautet: *Ich nehme den, der mich will.* Keine Wahl zu treffen hat eine Vielzahl von Nachteilen.

Auf diese Weise gerät die Partnerwahl zum Lotteriespiel, bei dem bekanntlich nur eines feststeht: Am Ende ist der Einsatz futsch. Einen passenden Partner zu finden, das ist auf diese Weise sehr, sehr schwer. Und langwierig. Manche Menschen, die zu mir in die Beratung kommen, haben schon zwei oder drei Dekaden mit diesem Suchmotto hinter sich – erfolglose Jahrzehnte, weil sich Beziehung an Beziehung reiht mit stets dem gleichen, trübseligen Ende. Wer keine Wahl trifft, der gerät mit einer hohen Wahrscheinlichkeit an einen unpassenden Partner. Über die ersten ein bis zwei Jahre hilft ihm der hormonelle Rausch des Verliebtseins hinweg. Spätestens dann aber muss er sich den Problemen, die seine Wahl verursacht hat, stellen: Es gibt zu wenig Gemeinsamkeiten. Gegensätze zerreißen die Beziehung. Und es folgt das Ende.

„Früher war das anders", klagt der Pressesprecher von *Wählen*. „Früher, da luden die Prinzessinnen noch die tapferen Ritter als Bewerber ein und erteilten ihnen Aufgaben, die sie zu lösen hatten. Das waren noch Zeiten!" Das ist sicher richtig. Doch unterschlägt der Pressesprecher dabei, dass andere Prinzessinnen auch damals schon nicht aufs Wählen aus waren, sondern – wie Dornröschen – einfach so gefunden werden wollten.

Keine Wahl zu treffen ist ein sehr beliebtes Verhalten, denn es bringt eine gewisse Zahl von Vorteilen mit sich. Es kommt ja nicht nur unserer Bequemlichkeit entgegen. Wer nicht wählt, der braucht für seine Handlungen auch nicht die Verantwortung zu übernehmen. Er braucht sich deshalb auch über die Folgen seiner Entscheidung nicht zu grämen.

Wer keine Wahl trifft, fühlt sich nicht verantwortlich für den Ausgang der Partnersuche. Das Schicksal ist schuld oder irgendeine andere Macht – Sie erinnern sich sicherlich an diese Strategie zum Zurückweisen von Verantwortung, die wir schon im ersten Kapitel kennengelernt haben.

Ich nehme den, der mich will – dieses Suchmuster hat häufig ein weiteres, verborgenes Motiv: Wer sich so verhält, will auf Nummer sicher gehen. Es hat Angst vor einer Ablehnung. Er will verhindern, einen Korb zu bekommen, weil ihn dies zu sehr kränken würde. So hat es auch Anna-Marie immer gehalten. Einen Korb zu bekommen – schon diese Vorstellung fand sie schauderhaft. Es hätte sie zutiefst gekränkt. Auf unsichere Liebesgeschichten hat sie sich deshalb nicht eingelassen. Sie hat nie um einen Mann geworben. Er musste bereits hell entflammt sein, dann kamen so nach und nach auch ihre Gefühle in Fahrt. Das Risiko, sich in einen Mann zu verlieben, der sie am Ende möglicherweise gar nicht wollte – nein, dieses Risiko ist Anna-Marie nie eingegangen.

Schwieriges Suchmuster 2: Der Partner soll ergänzen, was mir fehlt

Gegensätze ziehen sich an – das ist eine häufige Antwort auf die Frage *Wer passt zu mir?* Menschen wählen sich einen Partner, der sie selbst ergänzen, der sie komplettieren soll.

Sich zu ergänzen, das ist ein wichtiges Motiv bei der Partnerwahl. Und es ist ein legitimes Motiv. Wir wählen uns einen Partner, eine Partnerin, der oder die andere Fähigkeiten hat als wir selbst. Der andere ist musikalisch, und wir freuen uns daran. Wir wären selbst gerne etwas musikalischer. Der andere hat Hobbys oder einen Beruf, den wir als spannend und als eine Bereicherung erleben. Er hat etwas studiert, was wir selber seinerzeit auch gerne studiert hätten. Er ist kulturell interessierter, und wir erhoffen uns von ihm Anstöße und Anregungen. Das alles ist sind legitime Motive für die Partnerwahl. Der andere soll ja schließlich anders sein.

In diesem Sinne ist die Ergänzungswahl eine gute Sache. Der andere ergänzt uns durch seine anderen Erfahrungen. Er bereichert unser Leben, weil er anderes sieht, anderes wichtig findet, andere Entscheidungen getroffen hat. Ein Problem entsteht daraus erst, wenn die Gegensätzlichkeit die Oberhand gewinnt. Wenn der andere nicht einfach anders ist, sondern sehr anders oder beinahe das genaue Gegenteil von einem selbst.

Silvia hat mehrfach sehr gegensätzlich gewählt. Sie hat sich Männer ausgesucht, die gelassen die Beine hochlegten und die Sonne genossen, während sie gerade schon wieder mit den Füßen scharrte, weil dringende Aufgaben zu erledigen waren. Eine Unterrichtsstunde musste vorbereitet werden. Die Fenster waren auch noch nicht geputzt. Bei Silvias Partnerwahl standen Gegensätzlichkeiten eindeutig im Vordergrund.

Warum hat Silvia das getan? Warum hat sie so extrem gegensätzlich gewählt? Die Antwort lautet: Weil sie sich selbst und ihre Art sehr anstrengend findet. Die Partnerwahl soll sie komplettieren, soll das, was sie an sich selbst als defizitär empfindet, ausgleichen. Dazu möchte Silvia allerdings nicht sich selbst verändern. Sie möchte das an den Partner delegieren. Er soll die Eigenschaften haben, die ihr fehlen. Damit holt sich Silvia absehbar ein Beziehungschaos ins Haus.

Wenn ein Mensch sich als unvollständig ansieht, dann ist es wahrscheinlich, dass das Anderssein des Partners schon bald zum Streitpunkt wird – und nicht als Bereicherung erlebt wird. Genau die Eigenschaften, die wir beim Kennenlernen am anderen besonders bewundern, werden bei einer klassischen Gegensatzwahl über kurz oder lang zum Problem. Ein Grund dafür ist, dass wir unseren Wunsch nach einer persönlichen Veränderung an den Partner delegieren. So wie Silvia es macht. Sie weicht damit der Verantwortung für sich selbst und ihr Leben aus. Sie müsste lernen, immer mal wieder die Beine voller Genuss hochzulegen und die Sonne zu genießen. Sie müsste sich einen Wein eingießen, besser noch, ihn sich eingießen *lassen*, und *sie* müsste die ungeputzten Fenster ruhigen Gewissens ungeputzt sein lassen. Weil jetzt etwas anderes wichtig ist. Weil es jetzt gerade um sie geht. Um ihr Wohlergehen. Soll die Unterrichtsvorbereitung warten. Sollen die Fenster sich gedulden.

Warum kann Silvia sich von Antonio nicht ein wenig Gelassenheit und Leichtigkeit abschauen? Und Antonio sich von Silvia die Tüchtigkeit? Weil die beiden zu gegensätzlich sind! Eine gegensätzliche Wahl zu treffen ist deshalb ein großes Risiko. Starke charakterliche Gegensätze führen in Partnerschaften beinahe immer zu Schwierigkeiten. Den wenigsten Paaren gelingt es, diese Gegensätze produktiv zu nutzen.

Auch Mareike ist es so ergangen. Sie war 34, als sie feststellte, dass ihr die Partnerwahl außerordentlich schwerfiel. Mal geriet die ruhige Geschäftsführerin an aufschneiderische Männer, deren Art sie schon nach einigen Monaten abstieß. Ein anderes Mal ließ sie sich mit einem Muttersöhnchen ein, bei dem Mama und deren Bedürfnisse grundsätzlich vor ihren kamen.

Mareike ging davon aus, dass sie sich irgendwie dumm anstellte bei der Suche. „Alle anderen schaffen es, warum denn ich nicht?" Wenn Mareike sich schwer damit tut, eine gute Wahl zu treffen, dann hat das erfahrungsgemäß einen guten Grund. Sie stellt sich nicht dumm an. Sie wählt instinktiv eine Ergänzung zu sich selber – und scheitert damit Mal um Mal.

Die Vorteile der Gegensätzlichkeit

Silvias Art zu wählen hat nicht nur Nachteile. Sie hat auch Vorteile, wenn diese auch nicht so offensichtlich sind. Zwischen Silvia und ihren Partnern ergibt sich nach dem Ende der ersten großen Verliebtheit immer eine gewisse Distanz. Der Partner ist so anders, dass er kaum zu durchschauen ist. Diese Distanz kennt Silvia. Sie kennt sie sogar sehr gut – von ihrem Vater. So gesehen ist ihre Art zu wählen eine ganz besondere Art der Ähnlichkeitswahl: Sie wählt sich eine Beziehung, die in ihrer Distanz dem Verhältnis zu den Eltern, besonders dem zum Vater ähnelt. Sie wählt sich damit das Bekannte, sie wählt das, was ihr vertraut ist.

Ein Partner, der sich um sie und ihre Bedürfnisse kümmert – so jemanden hat Silvia bislang noch nie in Erwägung gezogen. Es ist ihr zu unvertraut. Das ist es, was Sigmund Freud mit dem Begriff des „Wiederholungszwangs" meinte. Menschen stellen in späteren Jahren oft die Verhältnisse in ihrer Herkunftsfamilie in leicht veränderter Form wieder her. Einen Zwang zu diesem Verhalten gibt es gleichwohl nicht. Silvia kann, wenn sie ihr Muster der Partnerwahl durchschaut, durchaus anders wählen, andere Partner in Betracht ziehen und ein ausgeglicheneres Verhältnis von Geben und Nehmen erreichen.

Schwieriges Suchmuster 3: Der Partner soll auf keinen Fall Vater oder Mutter ähneln

Nur was die Distanz in der Beziehung angeht, ist Antonio für Silvia eine Ähnlichkeitswahl zum Vater. Das gilt nicht für Antonios Charakter, der so ganz anders ist als der des Vaters. Antonio hat nichts gemein mit jenem bodenständigen, ruhigen, fülligen, mittelblonden Mann, dessen Schwäche es war, zu viel von seinem süßen Backwerk zu naschen. Auch äußerlich gibt es keine Ähnlichkeiten zwischen den beiden. Antonio ist also nicht nur eine Ergänzung zu Silvia. Er ist darüber hinaus ein typisches Beispiel für eine Oppositionswahl. Alle seine Vorgänger an Silvias Seite waren so: Schlank und dunkelhaarig und mit einer ausgeprägten Neigung zum Egoismus. Silvias Partner sollen sie unter keinen Umständen an ihren Vater erinnern, so viel steht fest.

Wählen Sie ähnlich — das sagt sich so leicht. Viele Menschen finden die Perspektive, einen Menschen zu wählen, der ihnen selbst oder gar ihren Eltern ähnlich ist und aus einem ähnlichen sozialen Milieu kommt wie sie, regelrecht erschreckend. Ihre Erinnerungen an das Elternhaus sind nicht dazu angetan, eine Ähnlichkeitswahl als gute Wahl erscheinen zu lassen. Wer also oppositionell wählt, der hat dafür einen guten Grund.

Rund 20 Prozent aller Männer und Frauen – und damit nicht ganz wenige Menschen – wählen ihre Partner nach den Regeln der Oppositionswahl. Der Partner, die Partnerin muss gänzlich anders aussehen als der Vater oder die Mutter. Der andere soll möglicherweise auch ganz andere Werte verkörpern oder auch aus einer gänzlich anderen Kultur kommen.

Die Oppositionswahl macht Menschen, die zu ihr neigen, oft das Leben schwer. Denn das Bedürfnis nach der Wahl eines ganz anderen Menschen setzt die Gesetze der Partnerwahl nicht außer Kraft. Auch bei der Oppositionswahl sind es am Ende wieder die Übereinstimmungen, gerade beim Charakter, bei den Lebenszielen und bei den Werten, die darüber entscheiden, ob die Wahl erfolgreich ist oder nicht.

Die gelungene Wahl

Die gelungene Wahl ist eine reife Wahl und damit Ausdruck unserer eigenen seelischen Reifung. Reife – dieses Ziel erreichen wir nicht automatisch mit der Volljährigkeit. Niemand verleiht uns diesen Titel, etwa wie ein Diplom. Reife, das ist etwas, was wir uns erarbeiten müssen.

Viele Menschen machen rund um das 40. Lebensjahr einen Reifeschub. Sie setzen sich mit ihren Schwächen und seelischen Beengtheiten auseinander. Sie ziehen neue Lösungen für ihre Probleme in Betracht. Manche Menschen aber reifen nie und verfehlen darum das Ziel einer stabilen und glücklichen Partnerwahl.

Eine reife Wahl – das ist die Wahl eines Partners, der uns selbst charakterlich ähnlich ist. Das ist die Leitlinie. Eine reife Wahl bedeutet, Verantwortung für unsere Entscheidung zu übernehmen. Aus der Prinzessin, die auf den Prinzen wartet, muss die Prinzessin werden, die wählerisch prüft, ehe sie sich bindet. Eine reife Wahl, das kann bedeuten, die blinde Ablehnung der Werte und Normen des Elternhauses hinter sich zu lassen und an einigen Stellen weniger oppositionell zu wählen. Eine reife Wahl, das heißt, den eigenen Charakter mit Humor zu akzeptieren, statt mit ihm zu hadern. Haben wir nicht alle unsere Macken? Eine reife Wahl, das bedeutet schließlich auch, dass wir ein Gefühl dafür entwickeln, welcher Charakter als Gegenüber in einer Partnerschaft wirklich zu uns passt. Dass wir eine Antwort finden auf die Grundfrage der Partnerwahl: *Wer passt zu mir?*

Zur reifen Wahl gehören aber nicht nur charakterliche Reifeschritte. Die reife Wahl kennt auch Hilfsmittel, die ein wirkliches Wählen erst ermöglichen. Diese Hilfsmittel lauten *Auswahl* und *sich Zeit lassen*. Beides macht uns frei, eine echte Wahl zu treffen. Ich will noch einmal das Beispiel von der Wahlkabine bemühen. Was ist von einer Wahl zu halten, bei der nur *ein* Kandidat oder *eine* Kandidatin auf dem Stimmzettel steht? Auswahl ist eine Grundvoraussetzung für eine echte Entscheidung. Und was wiederum ist von einem Wähler zu halten, der sich vor der Wahl nicht informiert, keine Zeit aufwenden will für seine Entscheidung, sondern stattdessen das tut, was er schon immer getan hat oder was alle anderen auch tun? Beides ist eine Farce. Mit beiden Vorgehensweisen bleiben wir weit hinter unseren Möglichkeiten zurück.

Auswahl

Wer Auswahl hat, wird wählerisch. Es schaut genauer hin und tut sich leichter damit, Nein zu sagen. So ist es auch Marlene ergangen, einer schlanken Mittvierzigerin mit dunklen Haaren. Sie führte vier Jahre lang ein beschauliches Leben ohne Partner. „Eine Frau über 40 trifft eher einen Tiger als einen Mann" – diesen Spruch hatte auch Marlene oft zu hören bekommen und ihn verinnerlicht. Und so war es dann auch tatsächlich: Ein Mann stellte sich trotz langem Warten nicht ein. Und dann folgte Marlene eines Tages einer Laune und meldete sich bei einer großen Partnerbörse im Internet an. Was die nicht alles von ihr wissen wollten! Sie durchlief einen langen psychologischen Test, drückte am Ende auf den entscheidenden Knopf, und der Computer begann zu arbeiten und nach passenden Männern für sie zu suchen. „Ich bekam sage und schreibe 86 Single-Männer vorgeschlagen – alleine in meiner Stadt!" Das Gefühl, dass der Partner fürs Leben für eine Frau in diesem Alter so selten ist wie Schnee in der Sahara, verflüchtigte sich bei Marlene augenblicklich. Sie spürte mit einem Mal, dass sie eine Auswahl hatte. Sie genoss dieses Gefühl – und fand ihren Traummann, nach 16 spannenden Treffen.

Auch Thomas ist – unterstützt von seiner Freundin Monika – am Ende in der komfortablen Lage, Auswahl zu haben.

Er muss sich entscheiden, wer besser zu ihm passt: die ruhige, nachdenkliche Anna-Marie oder die quirlige Barbara. Er wird, da bin ich mir sicher, am Ende nicht bereuen, die Wahl zwischen zwei Frauen gehabt zu haben. Die Auswahl zu haben gibt einer Entscheidung eine andere Qualität, macht sie fester und verbindlicher.

Sich Zeit lassen

Wenn wir die Auswahl haben, dann hilft uns das, mutiger auf die Suche zu gehen und entschlossener Nein zu sagen. Der zweite entscheidende Schlüssel zum Erfolg ist schlicht die Zeit.

„Greifen Sie schnell zu, drücken Sie aufs Tempo, verführen Sie ihn, verführen Sie sie spätestens beim dritten Treffen" – so tönt es uns aus allen Medien entgegen. Ob Frauenzeitschriften, Hollywoodfilme oder Vorabendserien – die Schnelligkeit beim Kennenlernen gilt vielen Menschen heute als ehernes Gesetz. Wie im Märchen soll es sein. Der Blitz schlägt ein, die beiden Protagonisten fallen übereinander her, und schon ist sie da, die Liebe fürs Leben.

Wie im Märchen? Nein! Schnelligkeit bürgt nicht für Qualität. Im Gegenteil. Wer herausfinden will, wer zu ihm passt, wer eine gute Wahl treffen will, der braucht dazu auch Zeit. Die Zeit ist sogar eine der wichtigsten Ressourcen beim Wählen. Eine gute Entscheidung – das ist in der Liebe nie eine Entscheidung des Verstandes. Wir können keine Checkliste anlegen, Häkchen machen und – Bingo! – schon haben wir den oder die Richtige. Es ist am Ende immer das Gefühl, das sein Urteil spricht. Dieses Urteil aber wird bei einem Mangel an Zeit unzuverlässiger ausfallen. Lassen Sie sich also bitte Zeit. Prüfen Sie. Wägen Sie ab. Verzichten Sie auf eine körperliche Annäherung, solange Ihr Gefühl sich noch nicht klar geäußert hat.

Sich Zeit zu lassen, das bedeutet, den anderen im Gespräch kennenlernen zu wollen. Sich Zeit zu lassen heißt, dass nach einem Treffen ruhig drei, vier oder fünf Tage vergehen können, bevor das nächste folgt. Zeit, um Sehnsucht zu spüren. Zeit aber auch, um in Ruhe über den anderen und seine Wesensart nachdenken und mit Freunden sprechen zu können. Zeit auch, um sich zu fragen: Will ich den anderen wirklich ein weiteres Mal sehen?

Lob der Langsamkeit

Lassen Sie sich also Zeit. Lassen Sie die Zeit für sich arbeiten. Legen Sie sich nicht zu schnell fest. Je mehr Zeit Sie haben, um herauszufinden, was für ein Mensch der andere ist, desto besser sind die Resultate Ihrer Überlegungen. Schnelle Schlüsse sind in Bezug auf die Liebe allzu oft Schnellschüsse. Ein Lob der Langsamkeit in der Liebe hat es in diesen Zeiten nicht leicht. Moderne Zeiten – moderne Mythen. Früher sollte ein Paar sich Zeit lassen, besonders natürlich mit der Sexualität, die erst nach der Hochzeit akzeptiert war. Heute dagegen soll es ganz schnell gehen: Beim ersten Treffen muss bereits der Blitz einschlagen und es soll unaufhörlich knistern vor lauter Spannung. Beim zweiten Treffen stehen dann schon erste Zärtlichkeiten und Küsse auf dem Programm. Bei der dritten Verabredung soll es bereits – „Du bist doch wohl nicht etwa prüde!" – zur sexuellen

Begegnung kommen. Und was kommt dann? Der gemütliche DVD-Abend auf der Couch mit einer Flasche Rotwein dazu – „Schatz, bringst du mir bitte noch meine Pantoffeln mit?" – schon beim vierten Treffen?

Nein, solcherlei Vorstellungen sind ganz und gar unrealistisch. Zu dumm nur, dass sie uns in Filmen aller Art trotzdem immer und immer wieder aufgetischt werden. Glauben Sie mir: Es gibt sie nicht, die Instant-Partnerschaft, die schon nach wenigen Treffen funktioniert. Dieser moderne Mythos von der Entstehung der Liebe drängt uns zur Eile – einer schädlichen Eile. Denn ein ruhiges Nachdenken und Prüfen ist bei diesem Ablauf gar nicht möglich. Mein Rat: Lassen Sie sich nicht unter Druck setzen. Meiden Sie die künstliche Eile, die in Filmen und auch in Ratgeberspalten von Illustrierten heute gepredigt wird. Folgen Sie stattdessen Ihrem Gefühl. Sie haben ein Recht auf Ihr eigenes Tempo. Es wird Sie eher an Ihr Ziel bringen als der Mythos von der schnellen Liebe. „Wenn du es eilig hast, gehe langsam", lautet eine alte Weisheit. So paradox es auch klingen mag – für die Partnersuche gilt dieser Spruch in ganz besonderer Weise.

Langsamkeit tut gut

Ob bei der Beratung von Singles oder beim Sammeln von Liebesgeschichten – eine Erfahrung habe ich im Laufe der Jahre immer und immer wieder gemacht: Sich Zeit zu lassen macht sich bezahlt. *Langsamkeit beim Kennenlernen tut gut.* Viele Menschen werden in der Liebe sogar erst dann glücklich, wenn es ihnen gelingt, sich der modernen Konvention der schnellen Annäherung zu verweigern. Das gilt ganz besonders für die Sexualität. Die sexuelle Begegnung zweier Menschen führt zu einer hohen Bereitschaft, sich auf eine Bindung einzulassen. Das hat die Natur so vorgesehen und für eine starke Ausschüttung von Bindungshormonen durch die sexuelle Intimität gesorgt – bei Männern wie bei Frauen. Die Fähigkeit, den anderen unbefangen zu prüfen, nimmt dabei naturgemäß enorm ab.

„Ich habe im Grunde schon nach drei Treffen gespürt, dass wir nicht zueinander passen" – diesen Satz habe ich schon oft gehört, wenn Menschen über vergangene, gescheiterte Beziehungen sprachen. Und dann? Dann sind sie schnell darüber hinweggegangen. Weil sie es nicht wahrhaben wollten. Weil sie endlich, endlich wieder eine Beziehung haben wollten. Weil sie ihrem Gefühl nicht vertrauten. Weil sie oft genug gehört und gelesen hatten, dass man bei der Partnerwahl eben Kompromisse machen müsse. Und weil sie der Langsamkeit und den Zweifeln keinen Raum geben wollten. Ich möchte Sie im Gegenteil dazu anregen, ungute Gefühle zuzulassen. Nehmen Sie sie ernst. Nur so kann es Ihnen gelingen, eine überzeugende Antwort zu finden auf die Frage *Wer passt zu mir?*

Übung „Wie habe ich bislang gewählt?": Nehmen Sie ein letztes Mal Ihr Reisetagebuch zur Hand. Gehen Sie die drei schwierigen Suchmuster – *Keine Wahl treffen, einen Partner wählen, der eigene Defizite ausgleichen soll* und *einen Partner wählen, der das Gegenteil von Vater oder Mutter ist* – in Gedanken noch einmal durch und schauen Sie, wie sie sich auf Ihre Entscheidungen in der Vergangenheit anwenden lassen. Haben Sie eher ähnlich nach dem gegengeschlechtlichen Elternteil gewählt? Wählten Sie betont oppositionell? Neigten Sie dazu, die Dinge laufen zu lassen und sich auf die Sympathiesignale Ihrer Gegenüber zu verlassen? Oder haben Sie einen ausgesprochenen Hang, eigene „Defizite" durch die Wahl eines Partners charakterlich zu ergänzen?

Nehmen Sie Ihr Herangehen an die Partnerwahl in der Vergangenheit nur zur Kenntnis. Bewerten Sie es bitte nicht. Sie kennen es jetzt schon, mein Plädoyer gegen harsche Selbstkritik. Seien Sie milde sich selbst gegenüber. Wer beispielsweise oppositionell wählt, hat dazu in aller Regel einen guten Grund.

Abschied vom Kontinent *Wählen*

Monika und Thomas sitzen bei einem Glas Wein auf der Veranda beieinander und genießen den schönen Abend.

„Ich glaube, früher habe ich einfach die Frau genommen, die sich für eine Partnerschaft gerade anbot", sagt Thomas. „Na, das ist diesmal ja nun wirklich anders. Diesmal musst du dich schon entscheiden", entgegnet Monika. „Ja", sagt Thomas nachdenklich, und die beiden stoßen an.

Es ist einer der letzten warmen Abende des Jahres. Der Sommer geht zu Ende. Die ersten Blätter fallen von den Bäumen. Bald wird der Wind sie durch die Straßen treiben. Thomas ist ruhiger geworden in den letzten Tagen. Er spürt, dass in ihm eine Entscheidung heranreifte. Eine Entscheidung für die eine Frau. Eine Entscheidung gegen die andere. Eine Entscheidung für eine neue, eine passendere Liebe.

Nachwort

Wenn einer eine Reise tut, dann kann er was erzählen, heißt es. Aber vielleicht ist Ihnen nach unserer Reise über die fünf Kontinente der Partnerwahl ja überhaupt nicht nach Reden zumute. Möglicherweise brauchen Sie zunächst einmal Ruhe, nach so viel anstrengendem Herumfahren. Sie sei Ihnen gegönnt. Ruhe und Entspannung – das kann die beste Voraussetzung sein, um die passenden Schlüsse zu ziehen aus all den Anregungen, die so eine Reise mit sich bringt.

Von einem bekannten Wissenschaftler habe ich einmal gelesen, wie er die Lösung für ein besonders schwieriges Problem fand. Nach Monaten des Forschens, nach endlosen Zahlenkolonnen und einer Vielzahl von Hypothesen ging er für einige Wochen auf eine Reise. Unterwegs – er schaute gerade aus dem Bus auf die Landschaft, die gleichmäßig am Fenster vorbeizog – kam ihm wie in einem Geistesblitz die entscheidende Erkenntnis.

Oft finden wir Lösungen also gerade dann, wenn wir gar nicht bewusst nach ihnen Ausschau halten, sondern uns entspannt zurücklehnen und unsere Gedanken scheinbar ziellos schweifen lassen.

Vielleicht ist es also auch für Sie das Richtige, wenn Sie sich jetzt einfach einmal zurücklehnen. Legen Sie in diesem Fall das Nachdenken und das Suchen nach Antworten auf die Frage *Wer passt zu mir?* gedanklich beiseite. Denken Sie an ganz etwas anderes.

Ihr Reisetagebuch

Aber vielleicht wollen Sie das Erlebte ja lieber noch einmal Revue passieren lassen? Nehmen Sie sich also bei Gelegenheit Ihr Reisetagebuch wieder hervor und schauen Sie sich Ihre Aufzeichnungen noch einmal an. Was für Gedanken haben Sie bei der Reise über die fünf Kontinente der Partnerwahl bewegt? An welchen Stellen waren Sie besonders berührt? Welche Erkenntnisse über vergangene Partnerschaften haben sich eingestellt? Vergegenwärtigen Sie sich also Ihre Erlebnisse noch einmal in ihrer Gesamtheit. Sie können auch ein Exzerpt schreiben, eine Zusammenfassung der wichtigsten Gedanken dieses Buches in Ihren eigenen Worten. Schreiben ist die intensivste Form des Denkens. Suchen Sie schließlich auch das Gespräch mit Freundinnen, mit Freunden. Im Gespräch mit anderen klärt sich oft leichter, was im Nachdenken für sich alleine eine verwirrende Gemengelage war.

Suchen

Und dann gibt es noch einen weiteren Weg, eine Antwort auf die Frage *Wer passt zu mir?* zu finden, einen Weg, den ich Ihnen ganz besonders ans Herz legen will. Dieser Weg ist meiner Überzeugung nach der wirkungsvollste überhaupt, der spannendste und der effektivste. Er heißt: *Suchen*.

Gehen Sie aktiv auf die Suche nach einem Lebenspartner, nach einem Menschen also, der wirklich zu Ihnen passt. Dieses Buch haben Sie dabei ja jetzt als Reiseführer mit im Gepäck. Doch wie groß ist der Unterschied zwischen einem Reiseführer – und sei er noch so gut – und der Wirklichkeit! Das menschliche Leben findet in der Wirklichkeit statt, nicht am grünen Tisch von Seminaren, bei Gesprächen mit Freundinnen oder beim Nachdenken zu Hause im stillen Kämmerlein. Die wertvollsten Informationen über uns selbst und über andere, die als Partner für uns in Frage kommen, erhalten wir durch die Wirklichkeit, durch reale Begegnungen – durch das Suchen.

Erinnern Sie sich an das Speed-Dating, das zwei New Yorker Professoren durchführten, um herauszufinden, ob Menschen wissen, was sie wollen? Die Versuchspersonen wussten es alle nicht – und das ist völlig normal. *Wir sind nicht dazu verpflichtet, bereits zu wissen, was wir wollen, wenn wir auf die Partnersuche gehen.* Viele Menschen glauben, sie müssten zunächst einmal wissen, was sie wollen, bevor sie mit der Suche beginnen. Das ist ein Irrtum. Nur einer Minderheit der Menschen gelingt es, vor der Partnersuche ein präzises Bild des nächsten Partners zu entwickeln. Die große Mehrheit aber schafft das nicht. Vielen Menschen bringt erst die Suche selber die erhoffte Antwort.

Wagen Sie es also. Gehen Sie es an. Geben Sie eine Kontaktanzeige auf. Suchen Sie im Internet. Gehen Sie auf jedes Fest, insbesondere auf jede Hochzeit. Sorgen Sie für Verabredungen. Sorgen Sie für Gelegenheiten. Denn: Gelegenheit macht Liebe. So haben es ja auch Thomas, Anna-Marie und Silvia erlebt.

Daheim im stillen Kämmerlein findet sich der Prinz erfahrungsgemäß nicht. Hinaus also ins Leben! Wer sich auf die Suche einlässt, erfährt eine Menge über sich selbst. Nach zehn oder zwanzig Treffen mit möglichen Anwärtern haben auch Sie selbst sich verändert. Sie wissen dann einfach mehr über sich als zuvor. Ihr Blick wird schärfer. Sie können Männer bzw. Frauen viel besser einschätzen als zuvor. Die Antwort auf die Frage *Wer passt zu mir?* wird klarer.

Nicht jeder, der per Internet oder Kontaktanzeige aktiv sucht, wird am Ende auch fündig. Aber die vielen Treffen helfen ihm, die Frage *Wer passt zu mir?* zu klären. Und dann geht er eines Tages auf ein Fest … und steht dem oder der Richtigen gegenüber. „Aber ohne all die Treffen zuvor hätte ich nicht gewusst, dass es der Richtige ist!" Diesen Satz habe ich von meinen Klienten schon unzählige Male gehört.

Aktiv zu suchen hat noch einen zweiten unschätzbaren Vorteil – es steigert unseren Mut. Den Mut, zuzugreifen, wenn der Richtige auftaucht. So ist es auch Karin ergangen. Nach vielen unbefriedigenden Treffen mit Männern beschloss die 39-Jährige, Urlaub zu machen. Sie legte sich zwei Wochen lang in der Türkei in die Sonne und dachte nicht im Traum daran, zu flirten. Dann hängte sie noch einige Tage in Istanbul hintendran, bestaunte die berühmte Kirche Hagia Sophia mit ihren prächtigen Wandgemälden und den Basar mit seinen verwinkelten Gassen. Und dort, im lärmigen Gewühl dieser europäischen Metropole, verliebte sie sich in einem Kaffeehaus – in den Besitzer. „Mir war mittlerweile völlig klar, wie selten der Mann ist, der zu mir passt." Und so hat Karin mutig zugegriffen. Ihr neuer Partner zog zu ihr und machte hier in Deutschland ein Restaurant auf.

Nicht jede Geschichte von der Suche nach dem Traumprinzen oder der Traumprinzessin hat ein so schönes Happy End. Aber wenn Sie – wie Karin – beharrlich bleiben bei Ihrer Suche, dann können Sie sich sicher sein, dass das

Leben eines Tages auch für Sie ein Happy End schreiben wird. Apropos Happy End – interessiert es Sie, was aus Silvia, Thomas, Anna-Marie, Antonio und Charles geworden ist? Ich will es Ihnen verraten.

Silvia heiratet

Silvia hat vor einigen Wochen geheiratet, hochschwanger und in einem cremefarbenen Brautkleid. Sie hat Rafiq im Internet kennengelernt, bei einer großen Partnerbörse. „Sein Profil hat mir gefallen, und auch das Foto sprach mich sehr an", sagt sie. Rafiq hatte ein Schwarz-Weiß-Foto von sich eingestellt, auf dem er Nüsse knackend und im Schneidersitz auf dem Boden seines Wohnzimmers sitzend zu sehen ist. Der 42-jährige Libanese lebt seit 15 Jahren in Berlin – beinahe genauso lange wie Silvia. Er kommt aus einer Kleinstadt – wie Silvia. Er ist Ingenieur und arbeitet in einem großen Planungsbüro. Er verdient gut – wie Silvia. Er arbeitet gerne – wie Silvia. Er geht manchmal schon am Sonntagnachmittag im Büro vorbei, um nach dem Rechten zu sehen – so wie ihr Vater es seinerzeit immer tat. Drei jüngere Brüder von Rafiq arbeiten in arabischen Ländern, in Kuwait und in Bahrain. Rafiq aber zog es als einzigen bis nach Europa. Manchmal müssen Kinder eben ganz weit weggehen von ihrem Elternhaus, um glücklich zu werden. Zwölf Jahre lang war Rafiq in Berlin mit einer Brasilianerin verheiratet. Sie starb bei einem Unfall. Rafiq wünscht sich Kinder – wie Silvia. Lange hat er in diesem Punkt gezögert, doch jetzt weiß er, dass in seinem Leben auch Kinder einen Platz haben sollen.

Silvia ist Anna-Marie immer noch sehr dankbar, dass sie es nicht beim Trösten belassen hat, damals, nach der Trennung von Antonio. Immer wieder hatte Anna-Marie gesagt: „Sei froh, dass du ihn los bist. Zu dir passt nur ein Mann, der genauso tüchtig ist und genauso gerne arbeitet wie du." Wie eine kaputte Schallplatte hat sie diese beiden Sätze in aller Seelenruhe immer und immer wieder wiederholt.

Einige Jahre zuvor hätte Anna-Marie mit diesen Worten wohl nicht mehr erreicht, als dass Silvia ihr die Freundschaft gekündigt hätte. Doch Silvia war jetzt 37, ihre biologische Uhr tickte. Außerdem machen die Jahre vor dem 40. Geburtstag Männer wie Frauen empfänglicher für Veränderungen an ihren Such- und Verhaltensmustern. Wer auf die 40 zugeht und sich eingestehen muss, dass er in der Liebe noch nichts oder nur sehr wenig erreicht hat, der ist eher zu Änderungen in seinem Leben bereit. Anna-Marie hat also den richtigen Ton getroffen bei ihrem Vorhaben, Silvia von ihrem Männertick abzubringen – sie hat aber auch Glück gehabt, dass der Zeitpunkt für ihre Intervention so günstig war.

Antonio zieht um

Antonio hat bei seiner letzten Partnerwahl großes Pech gehabt. Marina räumte nur ungern auf, putzte selten, bestellte das Essen gerne bei einem Pizzadienst, bügelte Antonios Hemden nicht und erwartete, dass er den Abwasch machte. Drei Monate hat Antonio das ausgehalten, dann ist er gegangen. Er hat seine Koffer gepackt und ist nach Galizien zurückgekehrt. Seine Mutter hat ihm eine kleine Wohnung eingerichtet, unweit des Elternhauses, damit Antonio zum Essen stets zu ihr kommen kann. Vier Monate später erlitt sein Vater einen Schlaganfall, den er nicht überlebte. Da seine Mutter sich alleine in dem großen Haus fürchtete, zog Antonio nach einigem Zögern bei ihr ein.

Barbara fährt weg

Barbara hat die Partnersuche vorerst aufgegeben. Drei unglückliche Beziehungsversuche hintereinander haben der mittlerweile 41-Jährigen so zugesetzt, dass sie das „Projekt Mann" auf Eis gelegt hat. Sie unternimmt weiterhin lange Reisen – gerne in ferne Länder – und hat gerade ihren nächsten Urlaub gebucht. Sie wird den Kilimandscharo besteigen, zusammen mit einer guten Freundin.

Thomas weiß, wen er will

Thomas hat sich für Anna-Marie entschieden. Die langen Gespräche mit ihr über Silvia und deren Liebeskummer haben ihn zu einer eindeutigen Entscheidung gebracht. Solche tiefsinnigen, persönlichen Gespräche würde er nur mit ihr haben, nicht mit Barbara. Das war Thomas nach drei Treffen mit beiden Frauen klar. Anna-Marie wusste vieles über sich und die Prägungen, die sie aus der Vergangenheit mitbrachte. In den vergangenen zwei Jahren hatte sie gelernt, in sich hineinzuhorchen – so wie er auch. Barbara sind die Gesichtszüge entglitten, als Thomas ihr einen Korb gab. Mit so etwas hatte sie nicht gerechnet. Von Anna-Marie hat Thomas ihr selbstverständlich nichts erzählt. Zur

Begründung für seine Absage hat er nur gesagt: „Ich glaube, wir beide passen nicht zueinander." Auch auf Nachfragen hat er einfach nur immer diesen Satz wiederholt.

Anna-Marie entscheidet sich

Anna-Marie hat von Thomas' Treffen mit Barbara nie erfahren. Und doch hat sie genau gespürt, dass er sich auch mit einer anderen Frau traf – oder mit mehreren. „Klar war ich auch nervös", sagt sie. „Aber ich habe mir immer gesagt: Wenn wir wirklich zueinander passen, dann werden wir es auch beide merken." Im Grunde war es ihr sogar ganz recht, dass sich Thomas nicht so stürmisch um sie bemühte wie die Männer in ihrer Vergangenheit. Sie wollte ja diesmal die Entscheidung fällen. Dazu brauchte sie Zeit. Aber nach fünf Treffen mit Thomas war sie sich sicher: Er passt zu mir! Außerdem hat sie es sehr genossen, sich mit ihm einfach nur zu unterhalten, ohne Annäherungsversuche. „Er hat versucht, mich kennenzulernen und nicht nur aufs Äußere geschaut. Das war ein tolles Gefühl."

Nach sechs Treffen waren beide sehr verliebt ineinander, doch auch dann haben sie noch gezögert, sich körperlich näherzukommen. „Ich wollte, dass es langsam geht", sagt Anna-Marie. Und es ging langsam.

Charles heiratet

Charles hat die Dinge ebenfalls nicht überstürzt. Auch er ist nach der Scheidung von Diana inzwischen ja nicht mehr Single. Am 9. April 2005 war es endlich soweit. Beinahe 24 Jahre nach seiner ersten Hochzeit gab der Admiral der

Royal Navy und englische Thronfolger Charles, Prince of Wales, Duke of Cornwall und Earl of Chester, erneut eine Antwort auf die Frage *Wer passt zu mir?* Er heiratete im Standesamt von Windsor Camilla Parker-Bowles, seine langjährige Geliebte. Damit ist er nicht nur der erste englische Thronprätendent, der weltlich heiratet, sondern auch der erste seit über 1000 Jahren, der seine Geliebte zur Ehefrau macht.

Camilla hat eine gescheiterte Ehe hinter sich – wie Charles. Sie hat zwei Kinder großgezogen – wie er. Sie sieht nur mäßig gut aus, böse Zungen sagen, „ähnlich schlecht" – wie er. Sie ist annähernd gleich alt wie er. Sie ist eine Erstgeborene – wie er. Sie hat einen ähnlich derben, manchmal skurrilen Humor wie er. Sie ist von einer ähnlich unerschütterlichen Wesensart wie er. Sie ist ihm ebenbürtig an Bildung und an Lebenserfahrung.

Nur 15000 Menschen stehen an den Straßen von Windsor, um den Frischvermählten zuzuwinken und ihre Hände zu schütteln. Einige halten Fotos von Diana in den Händen. Das in die Jahre gekommene Brautpaar strahlt überglücklich. Die beiden werden wohl nicht zur Liebes-Ikone des 21. Jahrhunderts werden. Schade eigentlich.

Bücher, die weiterhelfen

Partnerschaft

John M. Gottman: Die 7 Geheimnisse der glücklichen Ehe. München 2000
John Gottman hat viele Jahrzehnte lang über die Haltbarkeit von Beziehungen geforscht und über die Gründe, die Beziehungen auseinandergehen lassen. In seinem „Ehelabor" in Seattle sammelte er zahlreiche Erkenntnisse, die in diesem Buch gekonnt zusammengefasst sind.

Judith S. Wallerstein, Sandra Blakeslee: Gute Ehen. Wie und warum die Liebe bleibt. München 1998
Bücher über das Scheitern in der Liebe gibt es wie Sand am Meer. Die bekannte Scheidungsexpertin Judith S. Wallerstein ist einen ganz anderen Weg gegangen. Sie hat Paare befragt, die glücklich miteinander sind. Warum bleibt die Liebe eigentlich, wenn sie bleibt?

Christian Thiel: Was glückliche Paare richtig machen. Die wichtigsten Rezepte für eine erfüllte Partnerschaft. Frankfurt a. M. 2012
Kaum zu glauben: Jahrzehntelang haben sich Paarexperten vor allem mit Partnerschaften beschäftigt, die schlecht liefen. Was aber machen Paare, die dauerhaft glücklich sind, eigentlich anders?

Trennung

Greg Behrendt: Nein, ihr könnt nicht Freunde bleiben.
Es heißt Schlussmachen, weil dann Schluss ist. München 2007
Das Buch ist für alle geeignet, die aktuell noch unter Liebeskummer leiden. Außerdem ist es eine gute Lektüre für diejenigen, die in der Vergangenheit einmal unter schlimmen Anfällen von Liebeskummer gelitten haben und jetzt gerne wissen wollen, was sie in Zukunft anders machen können. Greg Behrendt ist auch ein guter Comedy-Autor, und das macht seine Bücher zu einer echten Lesefreude – wenn man den sehr saloppen Ton, den er anschlägt, mag.

Sandra Lüpkes: Ich verlasse dich. Ein Ratgeber für den, der geht.
Frankfurt a. M. 2008
Wer den Partner oder die Partnerin verlässt, steht im Ruf des Verräters. Immer noch gilt derjenige, der geht, vielen Menschen als der

Schuldige. Jeder hat das Recht, sich zu trennen: Diese Botschaft von Sandra Lüpkes ist befreiend. Und sie wird von ihr gut unterfüttert. In vielen Fallbeispielen lässt die Autorin ihre Leserinnen und Leser hautnah miterleben, wie Beziehungen sich nach und nach auseinander entwickeln. Sehr lehrreich, auch für alle, die noch nie verlassen haben.

Partnersuche

Greg Behrendt: Er steht nicht auf dich! München 2006
Was meint er nur, wenn er sagt: „Ich bin nicht beziehungsfähig."? Er will damit sagen: „Wir beide passen nicht zueinander." Und das meint er wirklich ernst. Greg Behrendt klärt solche und viele andere Fragen rund um das Thema „Will er mich oder nicht?" wortgewandt und witzig. Sehr gut geeignet für Frauen, die immer wieder an Männer geraten, die sich am Ende nicht auf eine Beziehung einlassen.

Stefan Woinoff: Überlisten Sie Ihr Beuteschema. München 2007
Warum finden erfolgreiche Frauen keinen geeigneten Partner? Keine Frage – das liegt an den Männern, die sich an kluge Frauen nicht herantrauen. Oder? Der Autor gibt mit seinem Buch auf diese Frage eine ganz andere Antwort. Er zeigt, was Frauen selber zu dem Problem beitragen – und das ist eine ganze Menge. Die meisten Frauen schauen nämlich nach Männern, die mehr verdienen als sie selbst und einen höheren Status haben – das ist ihr Beuteschema. Nach diesem Schema verhalten sich Frauen auch dann, wenn sie eigentlich genug verdienen, um selbst eine Familie durchzubringen. Und damit sitzen sie in der „Beuteschema-Falle". Ranghöhere Single-Männer, die mehr verdienen, gibt es nämlich nur sehr, sehr wenige. Dr. Woinoff macht die Dynamik der Partnerwahl auf erfrischend undogmatische Weise klar. In diesem Buch wird keine Schuld zugewiesen. Hier wird nicht geklagt. Hier wird fundiert erklärt.

Christian Thiel: Suche einen für immer und ewig.
Wie Sie den Partner finden, der wirklich zu Ihnen passt. Frankfurt a. M. 2008
Wie Sie den Mut für eine neue Beziehung finden, gelassen auf die Suche gehen, Gelegenheiten zum Kennenlernen schaffen und dabei in Bezug auf die Liebe auch realistisch werden.

Selbsterkenntnis

Mihaly Csikszentmihalyi: Lebe gut! Wie Sie das Beste aus Ihrem Leben machen.
Stuttgart 1999
Der Altmeister der Glücksforschung hat viele lesenswerte Bücher
geschrieben. In *Lebe gut!* fasst er seine Erkenntnisse aus Jahrzehnten der
intensiven Forschung gekonnt und informativ zusammen.

Nancy Wasserman Cocola: Zu sechst im Bett. Wie Eltern und Schwiegereltern
in jeder Ehe mitmischen. München 1999
Eltern haben einen großen Einfluss auf uns und unser späteres
Leben – diese Überzeugung eint die verschiedensten psychologischen
Richtungen. Wie sehr unser Elternhaus und unsere Beziehung zu
den Eltern uns in einer Partnerschaft beeinflussen, das hat die amerikanische Therapeutin in ihrem wunderbaren Buch auf den Punkt
gebracht. Auch in den intimsten Momenten eines Paares sind beide
Partner letztlich nicht alleine miteinander.

Paul Watzlawick: Anleitung zum Unglücklichsein. Vom Schlechten des Guten.
München 2005
Ein höchst amüsanter Kurs in Selbsterkenntnis, in dem der berühmte
Psychotherapeut die Mechanismen beschreibt, mit denen wir uns
selbst unglücklich machen.

Charakterkunde und Tiefenpsychologie

Fritz Riemann: Grundformen der Angst. München 2000
Seit mehr als vier Jahrzehnten der Klassiker unter den Büchern über
den menschlichen Charakter. Riemann schreibt sehr anschaulich. Er
präsentiert das psychoanalytisch geprägte Bild des menschlichen Charakters mit seinen vier verschiedenen Charakteren: dem Depressiven,
dem Zwanghaften, dem Schizoiden und dem Hysteriker. Wer andere
Menschen besser verstehen will, kann hier eine Menge lernen.

Karen Horney: Neurose und menschliches Wachstum.
Das Ringen um Selbstverwirklichung. Frankfurt a. M. 1985
Horney ist bahnbrechend für die Ablösung einer ganzen Generation
von Analytikern von Freuds Vorstellungswelt und die Weiterentwick-
lung der Tiefenpsychologie. Ihr Buch ist eine überaus spannende Charakterkunde.

Peter Gay: *Freud. Eine Biographie. Frankfurt a. M. 2000*
Der Begründer der Psychoanalyse, seine Gedanken- und Ideenwelt.
Anschaulich geschriebene Biographie, die die Größe und die Grenzen
Freuds aufzeigt.

Edward Hoffman: *Alfred Adler. Ein Leben für die Individualpsychologie.*
München 1997
Selbsterkenntnis war für Adler ein wesentlicher Teil der Entwicklung
des Menschen. Sein Credo: Wer sich selbst besser versteht, kann die
Grenzen seines Charakters auch überschreiten.

Romane

Nick Hornby: *A long way down. München 2006*
In Nick Hornbys wunderbarem Roman hat am Ende derjenige seiner
vier Protagonisten einen Partner gefunden, dem man es am wenigsten
zugetraut hätte. Denn bei der Partnersuche kommt es nicht darauf an,
ob man das ein oder andere Problem in seinem Leben hat. Es kommt
darauf an, den dazu passenden Partner zu finden. Das zeigt Hornby
wie immer mit viel Witz und Humor. Er ist einer der wenigen zeitge-
nössischen Autoren, deren Romane nicht nur unterhaltsam, sondern
aus psychologischer Sicht tatsächlich stimmig sind. So hat man, ehe
man sich versieht, einen Grundkurs in Psychologie absolviert.

Irvin D. Yalom: *Und Nietzsche weinte. München 2001*
Yalom lässt seine Leserinnen und Leser in einer fiktiven Handlung die
Geburtstunde der Psychoanalyse miterleben. Spannend, unterhaltsam
und sehr lehrreich.

Irvin D. Yalom: *Die rote Couch. München 1998*
Aus der Sicht eines Therapeuten geschriebener Roman. Ein Blick in
eine Therapeutenseele, in die Dynamik einer gescheiterten Beziehung
und ein großer Gewinn für die eigene Selbsterkenntnis.

ElitePartner.de
Akademiker & Singles mit Niveau

€ 100 Gutschein*

Partnersuche mit ElitePartner.de
Jetzt 100 Euro sparen!*

Jetzt Gutschein einlösen unter:

www.elitepartner.de/geheimnis

Gültig bis 31.12.2015

* Der Gutschein gilt nur bei Abschluss einer Jahresmitgliedschaft.
Die Barauszahlung ist ausgeschlossen.